LA VIE !

Réflexions sur votre parcours

Louise L. Hay

Traduit de l'américain
par Sophie Beaume

AdA Inc.

Éditeur : François Doucet
Traduction : Sophie Beaume
Révision linguistique : Féminin Pluriel
Révision : Nancy Coulombe, Suzanne Turcotte
Graphisme : Sébastien Rougeau, Nicolas Pinard
ISBN 2-89565-460-3
Première impression : 2006
Dépôt légal : 2006
Bibliothèque et Archives nationales du Québec
Bibliothèque Nationale du Canada

Éditions AdA Inc.
1385, boul. Lionel-Boulet
Varennes, Québec, Canada, J3X 1P7
Téléphone : 450-929-0296
Télécopieur : 450-929-0220
www.ada-inc.com
info@ada-inc.com

Diffusion

Canada :	Éditions AdA Inc.
France :	D.G. Diffusion ZI de Bogues 31750 Escalquens Cedex-France Téléphone : 05.61.00.09.99
Suisse :	Transat - 23.42.77.40
Belgique :	D.G. Diffusion - 05.61.00.09.99

Imprimé au Canada

Participation de la SODEC.
Nous reconnaissons l'aide financière du gouvernement du Canada par l'entremise du Programme d'aide au développement de l'industrie de l'édition (PADIÉ) pour nos activités d'édition.
Gouvernement du Québec - Programme de crédit d'impôt pour l'édition de livres - Gestion SODEC.

Catalogage avant publication de Bibliothèque et Archives Canada

Hay, Louise L.

La vie ! : réflexions sur votre parcours
Traduction de : Life !.
ISBN 2-89565-460-3

1. Morale pratique. 2. Réalisation de soi. 3. Hay, Louise L. I. Titre.

BJ1581.2.H3914 2006 170'.44 C2006-941522-6

Au public qui m'a suivie depuis tant d'années
et à ceux d'entre vous qui ne me connaissez pas encore,
je dédie ce livre à l'enrichissement de vos vies. Puissiez-vous apprendre avec moi à faire des années qu'il vous reste sur cette magnifique planète Terre, les meilleures et les plus satisfaisantes de votre vie.

VOUS pouvez aider la société à guérir !

TABLE DES MATIÈRES

PRÉFACE

J'ai décidé d'écrire ce livre pour faire suite à *Transformez votre vie* et à *La force est en vous,* car je reçois de nombreuses lettres à propos de mes lectures concernant les principales questions sur le sens de l'existence et sur la façon dont nous pouvons être de meilleures personnes en dépit de nos expériences passées, sur les choses qui devraient ou ne devraient pas nous être « faites », et aussi sur nos attentes par rapport à notre avenir. Ces personnes qui s'interrogent s'intéressent aux concepts métaphysiques et changent leur vie en changeant leur façon de penser. Ils éliminent les modèles et croyances vieux et négatifs et apprennent aussi à s'aimer davantage.

J'ai choisi *La Vie !* comme titre de ce livre en dressant de façon à peu près chronologique une liste de certains des événements qui traversent notre vie. Elle commence avec des problèmes auxquels nous faisons face quand nous sommes jeunes (problèmes de l'enfance, de relations, du travail, etc.) pour en venir aux inquiétudes que nous connaissons tous en vieillissant.

À présent, au cas où vous ne seriez pas familier avec ma philosophie et les termes que j'utilise quand j'explique ces concepts, permettez-moi de partager quelques informations avec vous.

D'abord et avant tout, j'utilise souvent les termes *Univers, Intelligence Infinie, Pouvoir Supérieur, Esprit Infini, Dieu, Pouvoir Universel, Sagesse Intérieure* et autres pour référer à ce Pouvoir qui a créé l'Univers et qui est aussi présent en nous. Si vous désapprouvez l'utilisation de certains de ces termes, remplacez-les tout simplement par d'autres qui évoquent quelque chose pour vous. Après tout, ce n'est pas le mot lui-même qui est important, mais sa signification.

Vous noterez également que j'écris certains mots différemment des autres personnes. Vous remarquerez aussi que j'ai changé deux termes. Je remplace *maladie* par *mal-être** pur

*En anglais *disease* (maladie) et *dis-ease* (mal-être). Dans le texte français, le mot maladie est remplacé le plus souvent possible par mal-être (N.d.T.).

exprimer que quelque chose n'est pas en harmonie avec vous ou votre environnement. De même, je n'écris jamais le mot SIDA en majuscules, mais en minuscules : sida. Je trouve que ça diminue la force du mot.

Pour tout ce qui concerne ma philosophie, je pense qu'il est important pour moi de revenir sur certains des concepts que j'ai développés, même si vous les connaissez déjà. De plus, peut-être commencez-vous à découvrir mes livres.

Très simplement, je crois que nous récoltons ce que nous semons ; nous contribuons tous aux événements qui ont lieu dans nos vies, et nous en sommes responsables, que ce soit les bons ou les soi-disant mauvais. Nous créons nos expériences selon les mots que nous disons et les pensées que nous avons. Quand nous créons la paix et l'harmonie dans nos esprits et que nous avons des pensées positives, nous attirons des expériences positives et des gens charmants. À l'inverse, quand nous sommes « coincés » dans une mentalité de blâme, d'accusation ou de victime, nos vies sont décevantes et stériles. En bref, disons que ce que nous croyons à propos de nous et de notre vie nous arrive.

Certains des autres principaux éléments de ma philosophie peuvent se résumer ainsi :

- **C'est seulement une pensée et une pensée peut être changée.**
  Je crois que tout, dans notre vie, commence par une pensée. Peu importe le problème, nos expériences sont seulement les effets extérieurs de nos pensées intérieures. Même le fait de ne pas vous aimer revient à détester une pensée que vous avez de vous. Par exemple, si vous avez une pensée qui dit « Je suis une mauvaise personne », alors cette pensée produit un sentiment de haine de vous-même auquel vous croyez. Si vous n'avez pas de pensée, vous n'avez pas de sentiment. Les penséespeuvent être changées. Choisissez

consciencieusement une pensée comme « Je suis merveilleux. » Changez la pensée et le sentiment changera aussi. Chaque pensée que nous avons crée notre futur.

- **Le pouvoir est toujours dans le moment présent.**
  Ce moment est tout ce que nous avons. Ce que nous choisissons de penser, de croire et de dire maintenant forme les expériences de demain, de la prochaine semaine, du prochain mois, de la prochaine année, etc. Quand nous nous concentrons sur nos pensées et nos croyances du moment présent et les choisissons avec la même attention que nous utilisons pour choisir un cadeau pour un ami proche, alors nous sommes autorisés à mettre le cap sur notre propre choix dans nos vies. Si nous nous concentrons sur le passé, alors nous n'avons pas beaucoup d'énergie à mettre dans le moment présent. Si nous vivons dans le futur, nous vivons dans le fantasme. Le seul moment réel est maintenant. C'est ici que notre processus de changement commence.

- **Nous devons éliminer le passé et pardonner tout le monde.**
  Nous souffrons quand nous nous accrochons aux malheurs du passé. Nous donnons le pouvoir aux situations et aux personnes de notre passé et ces mêmes situations et personnes nous maintiennent en esclavage. Elles continuent à nous contrôler quand nous restons coincés dans l'« incapacité de pardonner ». C'est pourquoi le travail du pardon est si important. Le pardon, qui consiste à laisser aller ceux qui nous blessent, revient à laisser aller notre identité comme étant celle qui nous a fait mal. Il permet de se libérer du cycle inutile de la douleur, de la colère et de la récrimination, qui nous garde emprisonnés dans notre propre souffrance. Ce que nous pardonnons n'est pas l'acte, mais l'acteur. Nous pardonnons sa souffrance, sa confusion, son manque d'expérience et son désespoir.

Quand nous exprimons nos sentiments et les laissons aller, nous pouvons alors avancer.

- **Nos esprits sont toujours liés au Seul Esprit Infini.**
  Nous sommes liés au Seul Esprit Infini, ce Pouvoir Universel qui nous a créés, en nous offrant cette étincelle intérieure, notre Propre Pouvoir, ou notre Pouvoir intérieur. L'Esprit en nous est le même Esprit qui dirige toute notre vie. Ce que nous devons faire, c'est apprendre les Lois de la Vie et coopérer avec elles. Le Pouvoir Universel aime toutes Ses créations, et Il nous donne aussi le libre arbitre de prendre nos propres décisions. C'est un Pouvoir du bien et Il dirige tout dans nos vies quand nous le Lui permettons. Ce n'est pas un pouvoir de vengeance, de punition. Il est la loi de la cause et de l'effet. Il est amour, liberté, compréhension et compassion. Il attend dans le calme, en souriant, que nous apprenions à nous connecter avec Lui. Il est important de ramener nos vies vers le Moi Supérieur, parce qu'à travers Lui, nous recevons ce qui est bon.

- **Aimez-vous.**
  Soyez inconditionnel et généreux dans votre amour de vous-même. Louez-vous autant que vous le pouvez. Quand vous réalisez que vous êtes aimé, alors cet amour afflue dans toutes les zones de votre vie, se décuplant sans cesse. Donc, s'aimer soi-même aidera à guérir notre planète. L'amertume, la peur, la critique et la culpabilité causent plus de problèmes que n'importe quoi d'autre, mais nous *pouvons changer* notre modèle de pensée, en pardonnant aux autres et à nous-mêmes, en apprenant comment s'aimer soi-même, et en faisant de ces sentiments destructeurs des choses du passé.

- **Chacun de nous décide de s'incarner sur cette planète à un endroit particulier dans le temps et dans l'espace pour apprendre les leçons qui nous font avancer dans notre chemin spirituel et évolutionniste.**
Je crois que nous faisons tous un voyage infini à travers l'éternité. Nous choisissons notre sexe, notre couleur, notre pays, puis nous cherchons les parents parfaits qui pourraient nous servir de modèles. Tous les événements qui ont lieu dans nos vies et tous les individus que nous rencontrons nous enseignent de précieuses leçons.

Aimez votre vie et aimez-vous… C'est mon cas !

Louise L. Hay
San Diego, Californie, 2004

INTRODUCTION

Au cours des cinq dernières années, j'ai réduit le nombre de mes conférences et de mes déplacements et je suis devenue une sorte de fermière. J'ai passé la plupart de mon temps dans mon magnifique jardin, qui est plein de plantes, de fleurs, de fruits, de légumes et d'arbres de toutes sortes. J'adore me mettre à genoux, les mains dans la terre. Je bénis le sol avec amour et il produit pour moi en abondance.

Je suis une jardinière biologique, alors même une simple feuille ne quitte pas ma propriété. Tout est composté, ainsi j'enrichis et je nourris progressivement mon sol. Je mange aussi les produits de mon jardin autant que possible, ce qui me donne le bonheur de me régaler de fruits et de légumes frais toute l'année.

Je commence par vous parler de mes activités de jardinière, car, voyez-vous, vos pensées sont comme des graines que vous plantez dans *votre* jardin. Vos croyances sont comme le sol dans lequel vous plantez ces graines. Un sol riche et fertile produit des plantes fortes et saines. Même les bonnes graines luttent pour croître dans un sol pauvre qui est plein de mauvaises herbes et de cailloux.

Les jardiniers savent que, lorsque vient le temps de planifier l'organisation d'un nouveau ou d'un ancien jardin, la chose la plus importante à faire est de préparer le sol. Les roches, les débris, les mauvaises herbes et les vieilles plantes, qui ont déjà tout donné, doivent être retirés en premier. Puis, si vous êtes un jardinier sérieux, vous bêchez deux fois l'équivalent de deux pelles en profondeur et enlevez encore les racines et les cailloux. Puis, vous ajoutez autant de matières organiques que possible. J'ai un faible pour le compost organique, le fumier de cheval et la farine de poisson. Une petite dizaine de centimètres de ces ingrédients sont placés sur le dessus, puis bêchés et mélangés au sol. À présent, il n'y a plus qu'à planter ! Tout ce qui sera planté dans ce sol poussera vite et deviendra une plante forte et saine.

Il en est de même avec le sol de nos esprits, nos croyances fondamentales. Si nous voulons des affirmations nouvelles et positives – qui sont les pensées que nous avons et les mots que nous disons – pour qu'il en soit de même avec nous aussitôt que possible, nous ferons l'effort supplémentaire de préparer nos esprits à être réceptifs à ces nouvelles idées. Vous pourriez faire une liste de toutes les choses que vous croyez (par exemple, « Ce que je crois à propos du travail, de la prospérité, des relations, de la santé, etc. ») et examiner ces croyances du point de vue négatif. Vous pourriez vous demander : « Est-ce que je veux continuer à fonder ma vie sur ces concepts limités ? » Puis, vous pourriez bêcher deux fois, pour éliminer les vieilles idées qui ne vous seront jamais d'aucun secours dans votre nouvelle vie.

Une fois que le plus de vieilles croyances possible sont éliminées, ajoutez une bonne dose d'amour et travaillez le tout dans le sol de votre esprit. Quand vous y planterez de nouvelles affirmations, elles germeront incroyablement plus vite. Votre vie changera pour le mieux, si rapidement que vous vous demanderez ce qui se passe. Voyez-vous, ça vaut toujours la peine de faire un effort supplémentaire pour préparer le sol, que ce soit dans votre jardin ou dans votre esprit.

Dans ce livre, chaque chapitre finit par des affirmations positives qui récapitulent les idées que nous avons développées. Choisissez les affirmations qui ont un sens pour vous et répétez-les souvent. Elles sont conçues comme un flot d'idées positives, qui vous aideront à changer votre conscience en vous donnant confiance. Notez que toutes les affirmations sont à la première personne du singulier et au présent. Nous ne disons jamais « je serai », « si », ou « quand », parce que ce sont des déclarations différées. Au contraire, nous utilisons toujours « j'ai », « je suis »,

« toujours » ou « j'accepte ». Ce sont des déclarations d'acceptation immédiate et l'Univers y veillera TOUT DE SUITE !

S'il vous plaît, rappelez-vous que certaines des idées que vous lirez dans les chapitres suivants auront plus de signification pour vous que d'autres. Vous pourriez lire le livre une fois, puis y revenir et travailler les concepts qui ont du sens pour vous ou qui s'appliquent à votre vie quotidienne. Lisez et répétez les affirmations. Faites que ces idées fassent partie de vous. Plus tard, vous pourrez aborder les chapitres qui vous rebutaient ou que vous pensiez ne pas s'appliquer à vous.

Une fois que vous vous sentirez plus fort dans un certain domaine, vous trouverez que les autres s'amélioreront plus facilement. Et la prochaine chose que vous apprendrez, c'est que vous réaliserez que vous grandissez, tout comme le semis, qui devient un grand et magnifique arbre dont les racines sont solidement plantées dans le sol. En d'autres termes, vous fleurirez dans cette chose complexe, magnifique, mystérieuse et incomparable, nommée…

LA VIE !

Chapitre un

Les problèmes de l'enfance déterminent l'avenir

« Je regarde l'enfant que j'étais avec amour, sachant que je faisais au mieux de mes connaissances à ce moment-là. »

Mes débuts

Les gens me voient souvent comme une conférencière et pensent : « Elle a tout ce qu'elle veut, elle n'a jamais eu de problèmes dans sa vie et elle connaît toutes les réponses. » Ceci est loin de la vérité. Je ne connais personnellement aucun de mes confrères qui n'ait vécu des moments sombres dans son âme. La plupart d'entre eux ont vécu des enfances très difficiles. C'est en guérissant leurs propres souffrances qu'ils sont appris à aider les autres dans leurs vies.

En ce qui me concerne, je sais que ma vie a été absolument merveilleuse, aussi loin que je me souvienne, jusqu'à mes 18 mois. Puis, tout s'est dégradé, surtout par rapport à moi.

Mes parents ont divorcé. Ma mère n'avait pas d'éducation et a dû travailler comme domestique. J'ai été placée dans plusieurs familles d'accueil. Tout mon environnement s'est alors effondré. Il n'y avait personne sur qui je pouvais compter, ni personne pour m'aider et m'aimer. Puis, ma mère a trouvé un emploi de domestique où elle pouvait me garder avec elle. Mais les dégâts étaient déjà faits.

Quand j'ai eu cinq ans, ma mère s'est remariée. Des années plus tard, elle m'a avoué qu'elle s'était mariée pour que nous ayons un toit. Malheureusement, elle avait épousé un homme violent et la vie est devenue un enfer pour nous deux. C'est au cours de cette même année qu'un voisin a abusé de moi. Quand l'acte a été découvert, on m'a dit que c'était ma faute et que je faisais honte à la famille. Il y a eu un procès et je me souviens encore du traumatisme de l'examen médical et d'avoir été forcée de témoigner. Le violeur a écopé de 16 ans de prison. J'ai vécu dans la peur de sa libération, car je croyais qu'il viendrait se venger, parce que j'avais été méchante de l'avoir fait jeter en prison.

J'ai aussi grandi pendant la Grande Dépression et nous avions très peu d'argent. Une voisine avait l'habitude de me donner

10 cents par semaine et cet argent entrait dans le budget familial. À cette époque, on pouvait acheter une baguette ou une boîte de céréales pour 10 cents. À mon anniversaire et à Noël, elle me donnait l'énorme somme de un dollar, et ma mère pouvait aller chez Woolworth m'acheter des sous-vêtements et des chaussettes pour l'année. Mes vêtements venaient de chez Goodwill. Je devais aller à l'école avec des tenues qui ne m'allaient pas.

Mon enfance a été marquée par un abus sexuel, le dur labeur, la pauvreté et les moqueries à l'école. Je devais manger de l'ail cru tous les jours pour ne pas avoir de vers. Je n'ai pas eu de vers, mais je n'ai pas eu d'amis non plus. J'étais la fille qui sentait mauvais et qui s'habillait bizarrement.

Je comprends maintenant que ma mère ne me protégeait pas, car elle était incapable de se protéger elle-même. Elle avait aussi été élevée en croyant que les femmes devaient tout accepter de leur mari. Il m'a fallu longtemps avant de réaliser que cette façon de penser ne devait pas nécessairement être la mienne.

Comme enfant, j'entendais régulièrement que j'étais stupide, sans intérêt et laide — la gamine de quelqu'un d'autre qu'il fallait nourrir. Comment aurais-je pu m'aimer alors qu'on me bombardait sans cesse d'affirmations négatives ? À l'école, je me tenais dans un coin, à regarder les autres enfants jouer. Je ne me sentais pas aimée, ni à la maison ni à l'école.

Au début de mon adolescence, mon beau-père a décidé qu'il me frapperait moins. En fait, il voulait commencer à coucher avec moi. Une nouvelle période d'horreur a commencé et a duré jusqu'à mes 15 ans. À ce moment-là, j'étais tellement privée d'amour et j'avais une si faible estime de moi qu'il suffisait qu'un jeune homme mette ses bras autour de moi pour que je couche avec lui. Je croyais n'avoir aucune valeur, alors comment aurais-je pu avoir une morale ?

Quand j'ai eu 16 ans, j'ai accouché d'une petite fille. Je ne l'ai connue que cinq jours, jusqu'à ce que je la donne à ses nouveaux parents. Quand je repense à cette expérience maintenant, je réalise que cette enfant devait cheminer avec ces parents-là et que j'avais été le véhicule pour l'y amener. Avec mon manque d'estime et mes croyances négatives, je vivais dans la honte. Tout allait ensemble.

Ce que nous apprenons comme enfants affecte ce que nous devenons

Nous parlons beaucoup de la grossesse des adolescentes ces temps-ci et de l'horreur de cette situation. Mais on semble oublier qu'aucune jeune fille avec une bonne estime de soi et consciente de sa valeur ne tomberait enceinte. Si vous avez été élevée dans la croyance que vous êtes une moins que rien, alors les maladies sexuelles et la grossesse sont les issues logiques.

Nos enfants sont nos biens les plus précieux et la façon dont beaucoup de gens les élèvent est déplorable. Il est honteux que des mères dorment dans la rue et mettent leurs biens dans des chariots d'épicerie. Les jeunes enfants grandissent littéralement dans la rue. Nos enfants sont nos futurs dirigeants. Quelles sortes de valeurs ces enfants sans domicile fixe auront-ils ? Comment peuvent-ils respecter les autres quand nous prenons si peu soin d'eux ?

Dès le moment où nous sommes assez âgés pour nous asseoir devant un poste de télévision, on nous bombarde de publicités pour des produits qui sont aussi nuisibles pour notre santé que pour notre bien-être. Par exemple, en regardant pendant une demi-heure une chaîne pour enfants, j'ai vu des messages publicitaires pour des boissons sucrées, des céréales sucrées, des gâteaux, des biscuits et de nombreux jouets. Le sucre augmente les émotions négatives et c'est pourquoi les jeunes enfants crient et hurlent. Ces publicités sont sûrement bonnes pour les fabricants, mais elles ne le sont pas pour les enfants. Elles contribuent à notre frustration et à notre gourmandise. Nous grandissons en pensant que la gourmandise est normale et naturelle.

Les parents parlent de l'année terrible où les enfants ont deux ans. Ce que beaucoup de gens ne réalisent pas, c'est que c'est à ce moment-là que l'enfant commence à exprimer par des mots les émotions que les parents répriment. Le sucre augmente ces sentiments réprimés. Le comportement d'un petit enfant reflète toujours les émotions et les sentiments des adultes qui l'entourent. C'est la même chose pour les adolescents révoltés. Les émotions réprimées des parents sont devenues un fardeau pour l'enfant, et il extériorise ces sentiments par la rébellion. Les parents font face à leur propre souffrance.

Nous avons permis à nos enfants de s'asseoir des centaines d'heures pour regarder de la violence et des crimes à la télévision. Puis nous nous demandons pourquoi il y a autant de violence et de crimes dans nos écoles et parmi nos propres jeunes enfants. Nous blâmons les criminels et ne prenons aucune part de responsabilité. Ce n'est pas surprenant qu'il y ait des armes dans les écoles : nous voyons des armes à la télé tout le temps. Ce que les enfants voient, ils le veulent. La télévision nous apprend à vouloir des choses.

La plupart de ce que nous voyons à la télévision nous enseigne aussi à ne pas respecter les femmes et les personnes âgées. C'est honteux, parce que la télévision a l'occasion de contribuer à l'élévation morale de l'humanité. Elle a participé à construire la société dans laquelle nous vivons aujourd'hui — et qui est souvent malsaine et dysfonctionnelle.

Se concentrer sur le négatif entraîne seulement plus de négatif. C'est pourquoi il y en a tant dans notre environnement ces temps-ci. Les médias — la télévision, la radio, les journaux, les films, les magazines et les livres — contribuent à cette convergence, surtout quand ils présentent la violence, les crimes et les abus. Si les médias se concentraient seulement sur des choses positives, après quelque temps, les crimes diminueraient de façon spectaculaire. Si nous avions seulement affaire à des pensées positives, notre environnement deviendrait positif.

Nous POUVONS faire des choses pour aider

Il *existe* des moyens pour aider à guérir notre société. Je crois qu'il est d'abord essentiel que nous fassions cesser les abus d'enfants immédiatement. Les enfants abusés ont une si faible estime de soi qu'ils deviennent souvent eux-mêmes des abuseurs ou des criminels. Nos prisons sont pleines de gens qui ont été abusés étant enfants. Or, nous nous contentons de continuer à les punir et à abuser d'eux en tant qu'adultes.

Nous ne pouvons pas construire assez de prisons, promulguer assez de lois ni prendre assez de mesures pour lutter contre le crime et les criminels. Je crois que notre système pénitentiaire a besoin d'une révision complète. L'abus ne réhabilite personne. Chacun en prison a besoin d'une thérapie de groupe, tant les gardiens que les détenus. La thérapie serait une bonne chose pour les directeurs aussi. Chaque fois que quelqu'un dans le système judiciaire développe son estime de soi, la société est sur la bonne voie.

Oui, je suis d'accord qu'il y a certains criminels qui sont audelà de la réhabilitation et qui doivent rester enfermés. Dans la plupart des cas, cependant, les gens ne purgent qu'une partie de leur peine, puis ils sont libérés et retournent à la vie normale. Tout ce qu'ils ont appris en prison, c'est comment devenir de meilleurs criminels. Si nous pouvions guérir l'angoisse et la douleur des enfants, ils n'auraient plus besoin de punir la société.

Aucun petit garçon n'est né abuseur. Aucune petite fille n'est née victime. Ce sont des comportements appris. Le pire criminel a déjà été un tout petit enfant. Nous devons éliminer les modèles qui contribuent à autant de négatif. Si nous enseignons à tous les enfants qu'ils sont des êtres humains qui ont de la valeur et qui méritent de l'amour, si nous encourageons leurs talents et leurs habiletés à penser d'une façon qui crée des expériences positives, alors en une génération, nous pouvons transformer la société. Ces enfants seront les prochains parents et les prochains dirigeants. En deux générations, nous vivrions dans un monde où il y aurait du respect et de l'attention pour chacun. Les abus de drogue et d'alcool seraient choses du passé. Les portes resteraient ouvertes. La joie ferait naturellement partie de la vie de chacun.

Ces changements positifs commencent dans la conscience. Vous pouvez contribuer aux changements en inscrivant ces concepts dans votre esprit. Voyez-les comme étant possibles. Méditez chaque jour sur la transformation de notre société pour atteindre la grandeur qui est notre destinée, ici, en Amérique. Nous pourrions affirmer ce qui suit sur une base régulière :

JE VIS DANS UNE SOCIÉTÉ PACIFIQUE.
TOUS LES ENFANTS SONT EN SANTÉ ET HEUREUX.
CHACUN MANGE À SA FAIM.
CHACUN A UN ENDROIT OÙ VIVRE.
IL Y A UN TRAVAIL SIGNIFICATIF POUR TOUT LE MONDE.
TOUT LE MONDE A DE LA VALEUR ET UNE BONNE ESTIME DE SOI.

Comprendre l'enfant qui est en vous

Le premier but de l'âme, quand elle s'incarne, est de jouer. L'enfant pleure quand il se trouve dans un environnement où jouer est interdit. Beaucoup d'enfants ont été élevés en devant toujours demander la permission de leurs parents, donc sans pouvoir prendre leurs propres décisions. D'autres ont été élevés sous le poids de la perfection, sans être autorisés à faire des erreurs. En d'autres termes, ils ne pouvaient pas apprendre, alors ils ont maintenant peur de prendre des décisions. Toutes ces expériences contribuent à créer des adultes perturbés.

Je ne pense pas que notre système scolaire actuel aide les enfants à être des individus magnifiques. Il est trop compétitif et il demande aussi à chaque enfant de se conformer. Je pense également que tout le système d'examens dans les écoles fait que l'enfant grandit en pensant qu'il n'est pas assez bon. L'enfance n'est pas facile. Il y a trop de choses qui étouffent l'esprit créatif et contribuent à un sentiment d'infériorité.

Si vous avez eu une enfance très difficile, alors vous rejetez probablement encore aujourd'hui l'enfant qui est en vous. Peut-être que vous n'êtes même pas conscient qu'à l'intérieur de vous, il y a l'enfant malheureux que vous avez été, celui qui continue à se battre. Cet enfant a besoin de guérir. Il a besoin de l'amour dont vous avez été privé et vous êtes le seul qui puisse le lui donner.

Un bon exercice pour nous tous est de parler régulièrement à notre enfant intérieur. J'aime emmener mon enfant intérieur partout, un jour par semaine. Quand je me réveille, je dis : « Salut, Lulubelle. C'est notre journée. Viens avec moi. Nous allons bien nous amuser. » Puis, tout ce que je fais ce jour-là, je le fais avec Lulubelle. Je lui parle, tout haut ou en silence, et je lui explique tout ce que nous faisons. Je lui dis combien elle est magnifique, gentille, et combien je l'aime. Je lui dis toutes les choses qu'elle aurait voulu entendre quand elle était enfant. À la fin de la journée, je me sens bien et je sais que mon enfant intérieur est heureux.

Trouvez une photo de *vous-même* enfant. Mettez-la bien en vue, avec peut-être des fleurs à côté. Chaque fois que vous passez devant la photo, dites : « Je t'aime ; je suis là pour prendre soin de toi. » Vous pouvez ainsi guérir votre enfant intérieur.

Vous pouvez aussi écrire à votre enfant intérieur. Prenez deux stylos de couleurs différentes et une feuille de papier. Avec votre main dominante, celle que vous utilisez pour écrire, écrivez une question. Puis, avec l'autre stylo et votre main non dominante, laissez votre enfant intérieur écrire la réponse. C'est une façon amusante de vous connecter avec votre enfant intérieur. Vous obtiendrez des réponses qui vous surprendront.

Il existe un livre de John Pollard III, intitulé *Self-Parenting*, qui offre de nombreux exercices sur la façon d'entrer en contact avec votre être intérieur et de discuter avec lui. Quand vous serez prêt à guérir, vous en trouverez le moyen.

Chaque message négatif que vous recevez quand vous êtes enfant peut être transformé en une déclaration positive. Laissez votre discours intérieur devenir un courant conscient d'affirmations positives pour construire votre estime de soi. Vous planterez de nouvelles graines qui, si elles sont bien arrosées, pousseront et se développeront.

Affirmations pour construire l'estime de soi

JE SUIS AIMÉ ET DÉSIRÉ.
MES PARENTS M'ADORENT.
MES PARENTS SONT FIERS DE MOI.
MES PARENTS M'ENCOURAGENT.
JE M'AIME MOI-MÊME.
JE SUIS INTELLIGENT.
JE SUIS CRÉATIF ET TALENTUEUX.
JE SUIS TOUJOURS EN SANTÉ.
J'AI BEAUCOUP D'AMIS.
JE SUIS AIMABLE.
LES GENS M'AIMENT.
JE SAIS COMMENT GAGNER DE L'ARGENT.
JE MÉRITE D'ÉPARGNER DE L'ARGENT.
JE SUIS GENTIL ET ATTENTIONNÉ.
JE SUIS UNE PERSONNE FORMIDABLE.
JE SAIS COMMENT PRENDRE SOIN DE MOI.
J'AIME CE À QUOI JE RESSEMBLE.
JE SUIS HEUREUX DANS MON CORPS.
JE SUIS ASSEZ BIEN.
JE MÉRITE LE MEILLEUR.
JE PARDONNE À TOUS CEUX QUI M'ONT FAIT SOUFFRIR.
JE ME PARDONNE À MOI-MÊME.
JE M'ACCEPTE MOI-MÊME COMME JE SUIS.
TOUT EST BEAU DANS MON ENVIRONNEMENT.

JE SUIS PARFAIT COMME JE SUIS

Je ne suis jamais trop ou trop peu. Je n'ai besoin de prouver à quiconque ou à quoi que ce soit qui je suis. Je sais que je suis l'expression parfaite de l'Unité de la Vie. Dans l'Infini de la Vie, j'ai eu plusieurs identités, chacune étant l'expression parfaite de chacune de mes vies. Je suis content d'être qui et ce que je suis à ce moment. Je suis parfait comme je suis, ici et maintenant. Je suis suffisant. Je fais un avec toute la Vie. Ce n'est pas la peine de lutter pour être mieux. Je m'aime plus aujourd'hui qu'hier et je me traite comme quelqu'un qui est profondément aimé. Je suis chéri par moi-même. Je m'épanouis dans la joie et dans la beauté. L'amour est ma nourriture, qui me transporte vers la grandeur. Plus je m'aime, plus j'aime les autres. Ensemble, nous nourrissons affectueusement un monde encore plus beau. Avec la joie, je reconnais ma perfection et la perfection de la Vie. Et c'est ainsi !

Chapitre deux

LES FEMMES SAVANTES

« Je revendique mon pouvoir féminin maintenant. Si je n'ai pas de M. Parfait dans ma vie actuellement, je peux quand même être Mme Parfaite pour moi-même. »

(Ce chapitre est essentiellement pour les femmes. Mais, messieurs, s'il vous plaît, rappelez-vous que plus les femmes sont heureuses, meilleure la vie sera pour *vous*. Ce qui fonctionne pour les femmes fonctionne aussi pour les hommes. Il suffit de remplacer le « elle » par le « il » ; les femmes l'ont fait pendant des années.)

Nous avons beaucoup à faire et beaucoup à apprendre

La vie vient par vagues, avec des expériences enrichissantes et des périodes d'évolution. Pendant longtemps, les femmes ont été soumises aux caprices et aux systèmes de croyances des hommes. On nous disait quoi faire, quand le faire et comment. Quand j'étais petite, je me souviens qu'on m'avait appris à marcher deux pas en arrière d'un homme et que je devais lui demander : « Que dois-je penser et que dois-je faire ? » On ne m'avait pas demandé littéralement de faire ça, mais je regardais ma mère et c'est ce qu'elle faisait, alors c'est le comportement que j'ai appris. Son bagage social et culturel lui avait enseigné à obéir complètement aux hommes, alors pour elle, être abusée était normal, et c'est pourquoi je l'ai été. C'est l'exemple parfait de **la façon dont nous avons appris ces modèles de pensée**.

Il m'a fallu du temps pour réaliser qu'un tel comportement n'était ni normal, ni celui que moi, en tant que femme, je méritais. Alors que je changeais doucement mon propre système de croyances intérieur, je commençais à créer la conscience de ma propre valeur et mon estime de soi. Au même moment, mon environnement a changé et je n'ai plus attiré d'hommes qui étaient dominants et violents. L'estime de soi et la conscience de sa propre valeur sont les choses les plus importantes que les femmes doivent posséder. Si nous n'avons pas ces qualités, nous devons les développer. Quand la conscience de notre propre valeur est forte, nous n'acceptons pas les situations d'infériorité et d'abus. Nous acceptons seulement ce comportement parce que nous croyons que nous ne sommes « pas bonnes » ou que nous ne valons rien.

Peu importe d'où nous venons ou si nous avons été abusées quand nous étions jeunes, nous pouvons apprendre à nous aimer et à nous chérir nous-mêmes aujourd'hui. Comme femmes et comme mères, nous pouvons apprendre à développer la conscience de notre propre valeur, puis la transmettre automatiquement à nos enfants. Nos filles ne permettront à personne de les abuser et nos fils auront du respect pour tout un chacun, y compris pour toutes les femmes dans leur vie. Aucun petit garçon n'est né abuseur, et aucune petite fille n'est née victime ou sans aucune conscience de sa propre valeur. Abuser les autres et manquer d'estime de soi sont des comportements appris. On apprend aux enfants la violence et à s'accepter comme victimes. Si nous voulons que les adultes dans notre société se traitent les uns les autres avec respect, nous devons élever nos enfants pour qu'ils soient gentils et qu'ils se respectent eux-mêmes. C'est seulement de cette manière que les deux sexes s'honoreront sincèrement l'un l'autre.

Mettons nos propres actes en commun

Éduquer les femmes ne signifie pas devoir diminuer les hommes. Malmener un homme est aussi grave que harceler une femme. Se malmener soi-même est aussi une perte de temps. Nous ne voulons pas commencer ce jeu-là. Ce comportement nous emprisonne tous et je pense que nous sommes déjà assez coincés comme ça. Se blâmer soi-même ou blâmer les hommes pour tous les malheurs dans nos vies ne fait rien pour arranger la situation, et ne fait que nous maintenir impuissantes. Le blâme est toujours un acte d'IMPUISSANCE. La meilleure chose que nous pouvons faire pour les hommes est d'arrêter d'être des victimes et mettre nos propres actes en commun. Avec une bonne estime de soi, les gens se respectent. Nous voulons vivre dans des relations d'amour envers nous-mêmes et envers les autres. Quand les femmes se regrouperont, elles renverseront des montagnes. Et le monde sera un meilleur endroit où vivre.

Comme je le mentionnais plus tôt, ce chapitre concerne essentiellement les femmes, mais les hommes peuvent également en tirer de nombreux avantages, car les trucs qui fonctionnent pour les femmes fonctionnent aussi pour les hommes. Les femmes ont besoin de savoir — DE VRAIMENT SAVOIR — qu'elles ne sont pas des citoyennes de seconde classe. Ceci est un mythe perpétué par certaines strates de la société — et c'est un non-sens. L'âme n'a pas d'infériorité ; l'âme n'a pas non plus de sexualité. Je sais que lorsque le premier mouvement féministe a vu le jour, les femmes étaient tellement en colère contre les injustices qu'elles subissaient qu'elles blâmaient les hommes pour tout. C'était approprié à l'époque, car les femmes avaient besoin de faire sortir leurs frustrations accumulées — comme une sorte de thérapie. Quand vous allez consulter un thérapeute pour traiter vos problèmes d'abus lorsque vous étiez enfant, vous AVEZ BESOIN d'exprimer tous ces sentiments avant de guérir. Lorsqu'un groupe a été opprimé pendant longtemps, il va jusqu'au bout quand il commence son expérience de la liberté.

Je vois la Russie d'aujourd'hui comme un exemple parfait de ce phénomène. Imaginez-vous vivre dans des circonstances de répression extrême et de terreur pendant très longtemps, chacun réprimant sa rage et sa colère. Puis, soudain, le pays devient « libre », mais rien n'est fait pour guérir les gens. Le chaos qui règne en Russie est donc normal et naturel en raison des circonstances. On n'a jamais appris à ces gens à prendre soin les uns des autres et à s'aimer eux-mêmes. Ils n'ont pas de modèles de paix. Je crois que tout le pays aurait besoin d'une profonde thérapie pour guérir ses peurs.

Toutefois, quand les gens se donnent le temps d'exprimer leurs sentiments, un retour de balancier s'effectue. C'est ce qui arrive aux femmes à présent. C'est le moment de libérer la colère et le blâme, le côté victime et l'impuissance. Il est maintenant temps pour les femmes de reconnaître et de clamer leur propre pouvoir, pour prendre leur façon de penser en main et commencer à créer le monde d'égalité qu'elles disent vouloir.

Quand les femmes apprendront à s'occuper d'elles-mêmes de façon positive, pour se respecter et se sentir valorisées, la vie de tous les êtres humains, y compris celle des hommes, fera un bond vertigineux dans la bonne direction. Il y aura du respect et de l'amour entre les sexes, et les hommes comme les femmes s'honoreront les uns les autres. Chacun aura appris qu'il y a de tout, pour tout le monde, et que nous pouvons nous bénir et prospérer les uns les autres. Nous pouvons tous être heureux.

Vous avez les ressources pour provoquer des changements

Pendant longtemps, les femmes ont voulu contrôler davantage leur vie ; nous avons maintenant l'opportunité de le faire. Toutefois, il y a encore beaucoup d'injustices dans les salaires et le domaine judiciaire. Nous nous contentons encore de ce que nous avons obtenu dans les cours de justice. Les LOIS ont été écrites par des hommes. Les tribunaux parlent de ce qu'un HOMME RAISONNABLE devrait faire, même dans les cas de viols.

J'aimerais encourager les femmes à commencer une campagne pour réécrire les lois afin qu'elles correspondent aux hommes et aux femmes. Les femmes ont un pouvoir collectif énorme quand elles s'intéressent à une question. Rappelez-vous : ce sont les femmes qui ont élu Bill Clinton, la plupart en réaction au traitement d'Anita Hill. Nous avons besoin qu'on nous rappelle notre pouvoir, notre pouvoir collectif. L'énergie combinée des femmes unies dans une cause commune est effectivement puissante. Il y a 75 ans, les femmes militaient pour le droit de vote. Aujourd'hui, elles peuvent se présenter aux élections.

Nous avons parcouru une longue route et nous ne voulons pas perdre nos acquis. Pourtant, nous commençons à peine cette nouvelle phase de notre évolution. Nous avons beaucoup à faire et à apprendre. Les femmes ont maintenant de nouvelles frontières à leur liberté — et nous avons besoin de solutions créatives pour toutes les femmes, y compris pour les célibataires.

Les occasions sont illimitées !

Il y a des siècles, une femme qui n'était pas mariée ne pouvait qu'être servante dans la maison de quelqu'un d'autre, habituellement sans salaire. Elle n'avait pas de statut, le droit de ne rien dire, et elle devait prendre la vie comme telle. À cette époque — oui, c'est vrai —, une femme avait besoin d'un homme pour avoir une vie complète, parfois juste pour survivre. Même il y a 50 ans, les choix pour une femme non mariée étaient limités.

Aujourd'hui, le monde entier s'ouvre à une Américaine non mariée. Elle peut réussir autant que ses capacités et sa confiance en elle le lui permettent. Elle peut voyager, choisir son emploi, bien gagner sa vie, avoir beaucoup d'amis et développer une bonne estime de soi. Elle peut même avoir des partenaires sexuels et des aventures amoureuses si elle le désire. Aujourd'hui, une femme peut choisir d'avoir un bébé sans avoir de mari, et être toujours acceptée socialement, comme de nombreuses actrices, des artistes et des personnalités publiques bien connues. Elle peut créer son propre style de vie.

Il est triste que de nombreuses femmes continuent à se plaindre et à pleurer parce qu'elles n'ont pas d'homme à leurs côtés. Nous ne devrions pas nous sentir incomplètes parce que nous ne sommes pas mariées ou ne partageons pas notre vie avec quelqu'un. Quand nous « cherchons » l'amour, nous pensons que nous ne l'avons pas. Mais nous avons toutes de l'amour en nous. Personne ne pourra jamais nous donner l'amour que nous pouvons nous donner. Une fois que nous nous donnons de l'amour, personne ne peut nous l'enlever. Nous voulons cesser de « chercher l'amour au mauvais endroit ». Vouloir à tout prix trouver un partenaire est aussi malsain que rester dans une relation de dépendance ou dans une relation dysfonctionnelle. Cela reflète seulement nos sentiments de manque. C'est malsain, au même titre que toutes les autres dépendances. C'est une autre façon de dire : « Qu'est-ce qui ne va pas avec moi ? »

C'est la peur qui est associée au fait d'« être dépendant de la recherche d'un partenaire », tout comme le sentiment de « ne pas être assez bien ». Nous nous sommes mis tellement de pression sur les épaules pour trouver un homme, que beaucoup de femmes tolèrent des partenaires violents. Nous n'avons pas à nous faire ça !

Nous n'avons pas besoin de créer de la douleur et de la souffrance dans notre propre vie, ni de nous sentir profondément seules et malheureuses. Ce sont tous des choix et nous devons faire de nouveaux choix, qui nous aident et nous satisfont. D'accord, nous avons été programmées pour accepter des choix limités. Mais c'était dans le passé. Nous devons nous souvenir que le pouvoir se vit dans le moment présent et c'est ainsi que nous pourrons commencer à nous créer de nouveaux horizons. Voyez votre temps de célibat comme un CADEAU !

Il existe un proverbe chinois qui dit : « LES FEMMES SOUTIENNENT LA MOITIÉ DU CIEL. » C'est le moment de le prouver. Toutefois, ce n'est pas en nous plaignant, en étant en colère ou en faisant de nous-mêmes des victimes – en donnant aux hommes et au système notre pouvoir –, que nous apprendrons comment. Les hommes de nos vies reflètent ce que nous croyons de nous-mêmes. Très souvent, nous comptons sur les autres pour nous sentir aimées et unies, alors qu'ils ne font que refléter notre propre relation avec nous-mêmes. Il faut donc absolument que nous développions notre relation avec nous-mêmes pour avancer. J'aimerais concentrer davantage de mon travail à aider les femmes à accepter et à utiliser leur pouvoir de façon plus positive.

Vous aimer est la plus importante sorte d'amour

Il faut être très clair : L'AMOUR DANS NOS VIES COMMENCE AVEC NOUS. Nous cherchons trop souvent « M. Parfait » pour résoudre tous nos problèmes, sous la forme d'un père, d'un petit ami, d'un mari. Maintenant, il est temps d'être « Mme Parfaite » pour nous-mêmes. Et comment pouvons-nous le faire ? Nous commençons par regarder nos défauts honnêtement – pas en cherchant ce qui ne va pas chez nous, mais pour voir les obstacles que nous avons dressés, qui nous empêchent d'être tout ce que nous voulons être. Et si nous ne nous malmenons plus nous-mêmes, nous pouvons éliminer ces barrières et faire des changements. Oui, beaucoup de ces barrières sont des choses que nous avons apprises dans notre enfance. Mais si nous les avons apprises, nous pouvons maintenant les désapprendre. Nous devons d'abord reconnaître que nous sommes prêtes à nous aimer. Puis, nous développerons quelques lignes directrices :

CESSER TOUTE CRITIQUE. C'est un acte inutile ; ça ne produit rien de positif. Ne vous critiquez pas vous-même ; déchargez-vous de ce fardeau maintenant. Ne critiquez pas les autres non plus, car les fautes que nous associons généralement aux autres sont simplement des projections de choses que nous n'aimons pas en nous. Penser du mal d'une autre personne est une des plus grandes causes des limites de notre propre vie. Nous *nous* jugeons seulement nous-mêmes – pas la Vie, ni Dieu, ni l'Univers. Affirmez : JE M'AIME ET JE M'APPROUVE.

NE VOUS FAITES PAS PEUR. Nous voulons tous arrêter ça. Trop souvent, nous nous terrorisons nous-mêmes avec nos propres pensées. Nous pouvons seulement avoir une pensée à la fois. Apprenons à penser des affirmations positives. De cette façon, notre façon de penser changera nos vies pour le mieux. Si vous vous surprenez en train de vous faire peur, affirmez immédiatement : J'ÉLIMINE MON BESOIN DE ME FAIRE PEUR. JE SUIS UNE EXPRESSION DIVINE ET MAGNIFIQUE DE LA VIE ET JE VAIS VIVRE PLEINEMENT À PARTIR DE MAINTENANT.

SOYEZ CONFIANTE DANS LA RELATION QUE VOUS ENTRETENEZ AVEC VOUS-MÊME. Nous sommes très confiantes dans nos relations avec les autres, mais nous semblons rejeter celle que nous avons avec nous. Donc, prenez soin de la personne que vous êtes. Engagez-vous à vous aimer. Prenez soin de votre cœur et de votre âme. Affirmez : JE SUIS MA PERSONNE PRÉFÉRÉE.

CONSIDÉREZ-VOUS COMME SI VOUS ÉTIEZ AIMÉE. Respectez-vous et chérissez-vous. Si vous vous aimez, vous serez plus ouverte à l'amour des autres. La Loi de l'Amour demande que vous vous concentriez sur ce que vous *voulez*, plus que sur ce que vous *ne* voulez *pas*. Attachez-vous à VOUS aimer. Affirmez : JE M'AIME ENTIÈREMENT AU MOMENT PRÉSENT.

PRENEZ SOIN DE VOTRE CORPS. Votre corps est un temple précieux. Si vous voulez vivre longtemps, avoir une vie bien remplie, prenez soin de vous maintenant. Vous voulez bien paraître et par-dessus tout, vous sentir bien. L'alimentation et l'exercice sont importants. Vous voulez conserver votre souplesse et vous déplacer facilement jusqu'à votre dernier jour sur cette merveilleuse Terre. Affirmez : JE SUIS EN BONNE SANTÉ, HEUREUSE ET ENTIÈRE.

ÉDUQUEZ-VOUS. Trop souvent, nous nous plaignons que nous ne savons pas ceci ou cela, et que nous ne savons pas quoi faire. Vous êtes intelligente et vous pouvez apprendre. Il existe des livres, des cours et des cassettes partout. Si l'argent est un problème, allez dans les bibliothèques. Je sais que je pourrais apprendre jusqu'à mon dernier jour sur cette planète. Affirmez : JE SUIS TOUJOURS EN TRAIN D'APPRENDRE ET DE M'ÉLEVER.

CONSTRUISEZ-VOUS UN AVENIR FINANCIER. Chaque femme a le droit de gagner sa vie. C'est une croyance significative que nous devons accepter. Ça fait partie de l'estimation de notre propre valeur. Nous pouvons toujours commencer à petite échelle. L'important est que nous continuions d'épargner. Les affirmations qui sont importantes à utiliser ici sont : J'AUGMENTE CONSTAMMENT MON REVENU. JE PROSPÈRE PARTOUT OÙ JE ME DIRIGE.

SATISFAIRE VOTRE CÔTÉ CRÉATIF. La créativité peut être quelque chose qui vous satisfait. Elle peut venir de toutes sortes de choses, comme préparer une tarte ou dessiner les plans d'un immeuble. Si vous avez des enfants et que vous manquez de temps, trouvez une amie qui vous aidera à en prendre soin et vice-versa. Vous vous rendrez service l'une l'autre. Vous le valez bien. Affirmez : JE TROUVERAI TOUJOURS LE TEMPS D'ÊTRE CRÉATIVE.

FAITES DE LA JOIE ET DU BONHEUR LE CENTRE DE VOTRE VIE. La joie et le bonheur sont toujours en vous. Soyez sûre d'y être bien connectée. Construisez votre vie autour de cette joie. Voici une bonne affirmation à utiliser quotidiennement : LA JOIE ET LE BONHEUR SONT LE CENTRE DE MA VIE.

DÉVELOPPEZ UN FORT LIEN SPIRITUEL AVEC LA VIE. Ce lien peut avoir affaire ou pas avec la religion avec laquelle vous avez grandie. Comme enfant, vous n'aviez pas le choix. Maintenant, en tant qu'adulte, vous pouvez choisir vos propres croyances spirituelles. La solitude est un des moments particuliers de la vie. Votre relation avec votre moi intérieur est ce qu'il y a de plus important. Prenez le temps de réfléchir ; connectez-vous à votre guide intérieur. Affirmez : MES CROYANCES SPIRITUELLES M'AIDENT À ÊTRE TOUT CE QUE JE PEUX ÊTRE.

Vous pouvez recopier ces lignes directrices et les lire chaque jour pendant un mois ou deux — jusqu'à ce qu'elles soient solidement ancrées dans votre conscience et qu'elles fassent partie de votre vie.

Il y a tant de sortes d'amour

Beaucoup de femmes n'auront jamais d'enfants dans leur vie. N'adoptez pas la croyance qu'une femme sans enfant est incomplète. J'ai toujours cru qu'il y a une raison pour tout. Peut-être que vous avez d'autres choses à accomplir. Si vous avez envie d'enfants et que vous le ressentez comme un manque douloureux, vous pouvez souffrir. Mais vous devez avancer. Continuez votre vie. Ne restez pas assise à pleurer. Affirmez : JE SAIS QUE TOUT CE QUI M'ARRIVE DANS MA VIE EST PARFAIT. JE SUIS PROFONDÉMENT SATISFAITE.

Ma croyance personnelle est qu'il vaut mieux ne pas se lancer dans les traitements contre l'infertilité. Si votre corps doit avoir un bébé, il en aura un. Si vous ne devenez pas enceinte, c'est qu'il y a une bonne raison. Acceptez-le. Puis, continuez votre vie. Les traitements contre l'infertilité sont chers, expérimentaux et dangereux. Nous commençons maintenant à lire des horreurs à ce sujet.

Une femme qui a eu 40 traitements, pour lesquels elle a dépensé beaucoup d'argent, n'est pas tombée enceinte, mais a eu le sida. L'un des donneurs avait le mal-être.

Ne laissez pas les médecins faire des expériences avec votre corps. Quand vous soumettez votre corps à des méthodes qui ne sont pas naturelles pour faire quelque chose que, dans sa sagesse, votre corps ne veut pas faire, vous attirez les problèmes. Ne faites pas l'imbécile avec Mère Nature. Regardez tous les problèmes que les femmes ont avec les implants mammaires. Si vos seins sont petits, réjouissez-vous. Votre corps est exactement ce que vous avez choisi d'avoir quand vous vous êtes incarnée. Soyez heureuse d'être celle que vous êtes.

Je sais que j'ai eu de nombreux enfants dans toutes mes vies. Cette fois-ci, je n'en ai pas eu. Je l'accepte comme étant parfait pour moi cette fois. Il y a tant d'enfants abandonnés dans le monde que si nous voulons vraiment satisfaire notre instinct maternel, l'adoption est une bonne alternative. Nous pouvons être mères comme les autres femmes. Prenez une femme perdue sous votre aile et aidez-la à s'envoler. Sauvez les animaux abandonnés, maltraités et les autres.

Il y a aussi de nombreuses mères célibataires qui s'efforcent d'élever leurs enfants seules. C'est un travail difficile et j'applaudis toutes celles qui vivent cette expérience. Ces femmes savent vraiment ce qu'*être fatiguée* veut dire.

Mais souvenez-vous : nous n'avons pas à être des « superfemmes » et nous n'avons pas à être des « parents parfaits ». Vous pouvez apprendre certaines habiletés ou lire quelques bons livres sur l'éducation. Si vous êtes un parent aimant, vos enfants auront toutes les chances de devenir le genre de personnes que vous aimeriez avoir comme amies. Ils seront des individus accomplis et prospères. Le sentiment d'être un être accompli conduit à la Paix Intérieure. Je pense que la meilleure chose que nous pouvons faire pour nos enfants, c'est de leur apprendre à s'aimer, car les enfants apprennent toujours par l'exemple. Vous aurez une vie meilleure et ils auront une meilleure vie. (Il existe un livre merveilleux pour les parents, *What Do You Really Want for Your Children ?* du Dr. Wayne W. Dyer.)

Il y a aussi un côté positif à être un parent célibataire. Maintenant, les femmes ont l'opportunité d'élever leurs fils pour qu'ils deviennent les hommes qu'elles disent vouloir. Les femmes se plaignent beaucoup du comportement et de l'attitude des hommes ; or, les femmes élèvent leurs fils. Le blâme est un tel gaspillage d'énergie. C'est un autre acte d'impuissance. Si vous voulons que les hommes dans nos vies soient gentils, aimants et qu'ils laissent voir leur sensibilité, leur côté féminin, c'est à nous de les élever de cette façon.

Si vous êtes une mère célibataire, surtout, ne dites pas du mal de votre ex. Ceci ne fait qu'apprendre à vos enfants que le mariage est un conflit. Une mère a beaucoup plus d'influence sur ses enfants que n'importe qui. Mères, unissez-vous ! Si les femmes se rassemblaient, nous pourrions avoir le genre d'hommes que nous voulons dans UNE génération !

Posez-vous les questions suivantes. Si vous y répondez avec sincérité, vos réponses vous aiguilleront vers une nouvelle direction dans la vie :

- Comment puis-je prendre le temps d'améliorer ma vie le plus possible ?
- Qu'est-ce que j'attends d'un homme ?
- Quelles sont les choses dont je crois avoir besoin de la part d'un homme ?
- Qu'est-ce que je peux faire pour remplir ces besoins ? (N'attendez pas qu'un homme soit TOUT pour vous. C'est un fardeau terrible pour lui.)
- Qu'est-ce qui me satisferait ? Et comment puis-je y parvenir ?

- Quelle est mon excuse quand je n'ai personne à réprimer ?
- Si je dois ne plus jamais avoir d'homme dans ma vie, dois-je me détruire à cause de ce manque ? (Ou dois-je me créer une vie merveilleuse et devenir un modèle pour d'autres femmes ?)
- Que puis-je donner à la Vie ? Quel est mon but ? Qu'est-ce que je suis venue apprendre ? Et qu'est-ce que je suis venue apprendre aux autres ?
- Comment puis-je coopérer avec la Vie ?

Souvenez-vous que le plus petit changement positif dans votre façon de penser peut déjouer le plus grand problème. Quand vous vous posez les bonnes questions sur la Vie, la Vie vous répond.

Trouvez vos ressources intérieures

La question simple « Comment puis-je me satisfaire sans homme ? » peut être un concept effrayant pour de nombreuses femmes, car nous devons connaître nos peurs et cheminer à travers elles. Le docteur Susan Jeffers a écrit tout un livre sur le sujet, *Tremblez mais osez !*. Je vous recommande aussi chaudement son livre *Opening Our Hearts to Men*.

Women Alone : Creating a Joyous and Fulfilling Life est un livre de Ione Jenson et Julie Keene. Il explore les choix toujours croissants des femmes qui vivent seules. Presque chaque femme vit seule à un moment donné dans sa vie — que ce soit une jeune célibataire, une femme divorcée ou une veuve. La question que chaque femme mariée devrait se poser avant d'avoir des enfants est : « Est-ce que je suis prête à élever mes enfants seule ? » De même, toutes les femmes mariées doivent se demander : « Est-ce que je suis préparée à vivre seule ? »

Comme les auteurs de *Women Alone* le disent : « Le moment est venu de changer nos perceptions et de considérer l'expression "vivre sans s'engager avec un partenaire" dans un contexte plus large. En tant que femmes seules, peut-être que nous sommes les nouvelles pionnières d'un but supérieur dans l'évolution et que nous devons jouer un rôle sur notre planète avec ce nouveau mode de vie. »

Je crois que chaque femme a un jour été une pionnière. Tôt, les pionnières ont tracé la voie. Elles ont pris des risques. Elles ont fait face à la solitude et à la peur. Elles ont vécu dans la pauvreté et la privation. Elles ont dû aider à construire leur propre abri et à trouver leur nourriture. Même mariées, leurs hommes étaient souvent loin de la maison pendant de longues périodes. Les femmes ont dû se débrouiller pour elles-mêmes et leurs enfants. Elles devaient trouver leurs propres ressources. Puis, elles ont participé à construire ce pays. Aujourd'hui, les femmes pionnières sont comme vous et moi. Nous avons des opportunités incroyables de nous satisfaire et d'arriver à l'égalité entre les sexes. Nous voulons nous épanouir là où nous sommes plantées.

Du point de vue de la maturité émotionnelle, les femmes ont atteint le sommet dans leur évolution, dans cette vie. Les femmes sont maintenant meilleures qu'elles l'ont jamais été. Alors, il est temps pour nous de façonner notre destinée. Il existe de nombreuses possibilités dans la vie, au-delà de ce que nous pouvons penser ou vivre à présent. Nous avons des occasions qui n'étaient pas disponibles avant pour les femmes. Il est temps de rejoindre les *autres* femmes pour améliorer la vie de chacune d'entre nous. Ceci, en retour, améliorera la vie des hommes. Quand les femmes sont satisfaites et heureuses, elles sont des partenaires splendides, de merveilleuses personnes avec qui vivre et travailler. Quant aux hommes, ils se sentiront infiniment plus à l'aise avec leurs égales. Nous voulons nous bénir et prospérer ensemble.

Nous devons créer quelque chose que l'on nomme *Le guide de toutes les femmes pour réussir dans la vie*. Cela ne servira pas seulement de manuel de survie pour les femmes, mais créera un nouveau paradigme pour elles. Nous voulons encourager chaque femme à être la meilleure possible. Si nous décourageons une autre personne, ce découragement se retournera contre nous d'une façon ou d'une autre. Alors que nous encourageons les autres, la Vie nous encouragera d'une façon très particulière. La vie pardonne beaucoup. La vie nous demande simplement de pardonner aux autres et de pardonner à nos voisins.

Le choix de trouver le « bon partenaire » est SEULEMENT UNE POSSIBILITÉ dans la longue liste des possibilités. Si vous êtes célibataire, ne mettez pas votre vie EN ATTENTE jusqu'à ce que vous trouviez un homme. Continuez votre vie. Sinon, vous gâcherez votre vie — *toute* votre vie.

Il n'y a pas de doute que les hommes sont de magnifiques créatures — J'AIME LES HOMMES ! Mais les femmes qui s'efforcent d'être leur égale manquent d'ambition ou d'originalité. Nous ne voulons pas être COMME quelqu'un d'autre ; nous voulons être nous-mêmes.

Comme l'a dit le juge Lois Forer dans son merveilleux livre *What Every Woman Needs to Know Before (and After) She Gets Involved with Men and Money*, « le BUT DES FEMMES n'est pas d'imiter les hommes, mais d'être des êtres humains FEMELLES complets et satisfaits, des personnes qui apprécient tous les droits, privilèges et programmes de TOUS les citoyens et même les plaisirs très particuliers d'être des femmes. »

Nous voulons trouver nos Ressources Intérieures et notre Connexion Universelle. Nous voulons trouver et utiliser notre Centre intérieur. Nous avons tous un trésor de sagesse, de paix, d'amour et de joie en nous. Nous devons explorer les nouvelles profondeurs en nous et faire de nouveaux choix. Nous, en tant que femmes, avons été programmées pour accepter des choix limités. Beaucoup de femmes mariées sont extrêmement seules parce qu'elles sentent qu'elles ont perdu leur liberté. Elles ont donné leur pouvoir. Elles font ce que j'ai déjà fait – elles regardent un homme et disent : « Que dois-je penser et faire ? » Pour apporter des changements dans nos vies, souvenons-nous que nous devons d'abord faire ces nouveaux choix dans nos têtes. Nous changeons notre façon de penser, puis le monde extérieur nous répond différemment.

Se connecter à nos trésors intérieurs

Ainsi, je vous demande d'aller en vous et de changer votre façon de penser. Connectez-vous avec les trésors qui sont en vous et utilisez-les. Quand nous nous connectons avec les trésors qui sont en nous, nous donnons à la vie la magnificence de notre être. Connectez-vous avec vos trésors TOUS LES JOURS.

Prenez soin de vous comme d'un ami bien-aimé. Prenez rendez-vous avec vous une fois par semaine et respectez cette routine. Allez au restaurant ou au musée ou voir un film, ou faites un sport que vous aimez particulièrement. Habillez-vous pour l'événement. Mangez en utilisant votre plus belle vaisselle. Portez votre plus belle lingerie. Ne gardez pas vos belles choses pour les visiteurs. Soyez votre *propre* visiteur. Offrez-vous des massages faciaux et des massages corporels ; dorlotez-vous. Si vous n'avez pas beaucoup d'argent, faites des massages faciaux ou des massages corporels entre amis.

Remerciez la vie. Faites des actes spontanés de générosité. Dans les toilettes publiques, prenez les serviettes en papier, essuyez le lavabo, jetez le papier dans la corbeille, faites que ce soit agréable pour la prochaine personne qui entrera. Ramassez les déchets sur la plage ou dans les parcs. Faites une séance de méditation pour guérir un de vos amis. Dites à quelqu'un combien vous l'appréciez. Faites la lecture à une personne âgée. Les actes de générosité nous font nous sentir bien.

* * *

Nous naissons seules et nous mourons seules. Nous choisissons comment remplir les espaces entre les deux. Il n'y a pas de limites à notre créativité. Nous voulons trouver la joie dans nos capacités. Beaucoup parmi nous ont été élevées dans la croyance que nous ne pouvons pas nous occuper de nous. Ça fait du BIEN de savoir que nous le pouvons. Dites-vous : PEU IMPORTE CE QUI ARRIVE, JE SAIS QUE JE PEUX M'EN OCCUPER.

Nous voulons créer un espace intérieur riche. Laissez vos pensées être vos meilleures amies. Beaucoup de gens ont les mêmes pensées à plusieurs reprises. Nous avons en moyenne 60 000 pensées par jour et la plupart sont les mêmes que nous avons eues la veille et que nous aurons le lendemain. Ce modèle de pensée peut devenir une routine négative. Ayez de nouvelles pensées chaque jour. Ayez des pensées créatives. Pensez à de nouvelles façons de faire vos affaires. Ayez une solide philosophie de la Vie – une qui vous aide par tous les moyens. Voici la mienne :

1. JE SUIS TOUJOURS EN SÉCURITÉ ET PROTÉGÉE PAR LE DIVIN.
2. TOUT CE QUE J'AI BESOIN DE SAVOIR M'EST RÉVÉLÉ.
3. TOUT CE DONT J'AI BESOIN M'ARRIVE AU BON MOMENT ET AU BON ENDROIT.
4. LA VIE EST UNE JOIE ET ELLE EST REMPLIE D'AMOUR.
5. JE SUIS AIMÉE.

6. JE SUIS EN PLEINE FORME.
7. JE M'ENRICHIS QUOI QUE JE FASSE.
8. JE SUIS PRÊTE À CHANGER ET À ÉVOLUER.
9. TOUT VA BIEN DANS MON ENVIRONNEMENT.

Je répète ces phrases souvent. Je les dis à plusieurs reprises si quelque chose tourne mal autour de moi. Par exemple, si je me sens patraque, je répète : JE SUIS EN PLEINE FORME jusqu'à ce que je me sente mieux. Si je marche dans un endroit sombre, j'affirme plusieurs fois : JE SUIS TOUJOURS EN SÉCURITÉ ET PROTÉGÉE PAR LE DIVIN. Ces croyances font tellement partie de moi que je peux m'y référer en un instant. Faites une liste qui reflète votre philosophie de la vie aujourd'hui. Vous pouvez toujours la modifier. Créer vos propres lois maintenant. Créez un univers sécurisant pour vous-même. Le seul pouvoir qui peut faire du tort à votre corps ou à votre environnement, c'est celui de vos propres pensées et croyances. Or, vous pouvez les changer.

Vous êtes avec la meilleure partenaire en ce moment — vous-même ! Avant de venir sur cette planète, vous avez choisi d'être qui vous êtes dans cette vie. Maintenant, vous devez passer toute votre vie avec vous. Réjouissez-vous de cette relation. Faites qu'elle soit la meilleure relation que vous puissez avoir. Aimez-vous. Aimez le corps que vous avez choisi ; il vous accompagnera toute votre vie. S'il y a des choses dans votre personnalité que vous aimeriez changer, alors changez-les. Faites-le avec amour et avec des éclats de rire, beaucoup d'éclats de rire.

Tout cela fait partie de l'évolution de notre âme. Je crois que la vie est tout ce qu'il y a de plus passionnant. Je remercie Dieu chaque matin quand je me réveille, pour le privilège d'être ici et de vivre tout ça. J'ai confiance en mon avenir.

AFFIRMATIONS POUR LES FEMMES

(Choisissez les affirmations qui vous rendent plus forte comme femme. Chaque jour, affirmez au moins une des phrases suivantes.)

JE DÉCOUVRE COMBIEN JE SUIS MERVEILLEUSE.
JE VOIS EN MOI UN ÊTRE MAGNIFIQUE.
JE SUIS BELLE ET INTELLIGENTE.
J'AIME CE QUE JE VOIS EN MOI.
JE CHOISIS DE M'AIMER ET DE M'AMUSER.
JE SUIS MA PROPRE FEMME.
JE DÉVELOPPE MES CAPACITÉS.
JE SUIS LIBRE D'ÊTRE TOUT CE QUE JE PEUX ÊTRE.
J'AI UNE VIE AGRÉABLE.
MA VIE EST PLEINE D'AMOUR.
L'AMOUR DANS MA VIE COMMENCE AVEC MOI.
JE DOMINE MA VIE.
JE SUIS UNE FEMME PUISSANTE.
JE SUIS DIGNE D'AMOUR ET DE RESPECT.
JE NE SUIS SOUMISE À PERSONNE ; JE SUIS LIBRE.
JE SUIS PRÊTE À APPRENDRE DE NOUVEAUX MODES DE VIE.
JE ME DÉBROUILLE TOUTE SEULE.
J'ACCEPTE ET J'UTILISE MON PROPRE POUVOIR.
JE SUIS EN PAIX EN ÉTANT CÉLIBATAIRE.
JE ME RÉJOUIS D'ÊTRE LÀ OÙ JE SUIS.
JE M'AIME ET JE M'APPRÉCIE.
J'AIME, J'AIDE ET J'APPRÉCIE LES FEMMES DANS MA VIE.
JE SUIS PROFONDÉMENT SATISFAITE DE MA VIE.
J'EXPLORE TOUTES LES AVENUES DE L'AMOUR.
J'AIME ÊTRE UNE FEMME.
J'AIME ÊTRE EN VIE EN CE MOMENT ET ICI.
JE REMPLIS MA VIE D'AMOUR.

J'ACCEPTE CE MOMENT DE SOLITUDE COMME UN CADEAU.
JE ME SENS TOUT À FAIT COMPLÈTE.
JE SUIS EN SÉCURITÉ ET TOUT VA BIEN DANS MON ENVIRONNEMENT.
JE SUIS UNE FEMME PUISSANTE, TOUT À FAIT DIGNE D'AMOUR ET DE RESPECT.

JE SUIS MAINTENANT PRÊTE À VOIR TOUTE MA MAGNIFICENCE

Je choisis maintenant d'éliminer de mon esprit et de ma vie chaque idée et chaque pensée négative, destructrice, ou de peur qui pourrait m'empêcher d'être la femme magnifique que je suis censée être. Je vole maintenant de mes propres ailes, je m'aide et je pense pour moi. Je me donne ce dont j'ai besoin. Évoluer est sans danger pour moi. Plus je suis satisfaite, plus les gens m'aiment. Je rejoins les rangs des femmes qui guérissent les autres femmes. Je suis une bénédiction pour la planète. Mon avenir est joyeux et merveilleux. Qu'il en soit ainsi !

Chapitre trois

UN CORPS EN SANTÉ, UNE PLANÈTE EN SANTÉ

« Je prends soin de mon corps en le nourrissant d'aliments nutritifs et en lui faisant faire beaucoup d'exercice. J'aime toutes les parties de mon corps. Mon corps a toujours su comment se guérir lui-même. »

Un jardin pour guérir

Je pense sincèrement que je fais maintenant un avec tout ce qui est vivant. Je suis en harmonie avec les saisons, le temps, le sol, la végétation et chaque créature qui demeure sur la Terre, dans les océans ou qui vole dans les airs. Il ne peut pas en être autrement. Nous utilisons tous le même air, le même sol et la même eau. Nous sommes entièrement interdépendants les uns les autres.

Si je travaille dans mon jardin, enrichissant affectueusement le sol, plantant, récoltant et recyclant, je sens l'unité. Je peux prendre un peu de terre improductive, souvent pleine de mauvaises herbes, et la transformer doucement en un riche terreau qui donnera la vie sous toutes ses formes. C'est comme prendre un peu de son esprit qui est rempli de pensées et de modèles destructeurs, et le nourrir pour qu'il puisse créer et permettre des expériences saines et enrichissantes. Les pensées positives, affectueuses, produisent le bien-être. Les pensées négatives, de peur ou de haine, contribuent aux mal-êtres.

Nous pouvons guérir nos esprits. Nous pouvons guérir nos âmes. Nous pouvons guérir notre sol. Nous pouvons aider à créer une planète saine où nous pouvons tous prospérer et vivre dans la joie et la facilité. Mais pour accomplir cette guérison, nous devons d'abord nous aimer nous-mêmes. Les gens qui ne se respectent pas respectent rarement l'environnement et même ressentent rarement le besoin de s'en occuper. Pour transformer notre terre en jardins fertiles, nous devons d'abord nous aimer et être en harmonie avec la nature. Quand vous verrez des vers de terre dans votre jardin, alors vous saurez que vous avez créé un environnement qui donnera la vie.

La Terre est vraiment notre mère ; nous avons besoin d'elle pour survivre. Mais la Terre, elle, n'a pas besoin de l'humanité pour prospérer. Bien avant que nous venions sur cette planète, la Terre Mère se portait très bien. Si nous n'entretenons pas une relation affectueuse avec elle, nous sommes fichus. Il est temps pour nous de changer l'élan de destruction que nous avons créé.

Au cours des deux derniers siècles de soi-disant évolution civilisée, nous avons plus détruit la planète que pendant les 2 000 années précédentes. En moins de 200 ans, plus de dommages ont été faits sur la planète que pendant les 200 000 années précédentes, même si on n'en entend pas beaucoup parler.

Vous ne pouvez pas abattre des arbres et vous attendre à continuer à avoir la même qualité d'oxygène qu'avant. Vous ne pouvez pas déverser des produits chimiques dans les rivières, les lacs et les ruisseaux et vous attendre à boire de l'eau qui n'affecte pas votre corps. Nos enfants et nous devons maintenant boire cette eau impure. Vous ne pouvez pas continuer à rejeter des toxines et des produits chimiques dans l'atmosphère et vous attendre à ce que l'air se nettoie tout seul. La Terre Mère fait de son mieux pour combattre ces pratiques destructrices de l'humanité, mais elle ne peut pas tout faire.

Nous devons tous développer une relation intime avec la Terre. Parlez-lui. Demandez à la Terre Mère : « Comment puis-je coopérer avec toi ? Comment puis-je recevoir ta bénédiction et en retour te bénir ? » Nous devons aimer cette petite boule de saleté qui va à toute vitesse dans l'espace. Elle est tout ce que nous avons. Si nous n'en prenons pas soin, qui le fera ? Où vivrons-nous ? Nous n'avons pas le droit d'aller dans l'espace quand nous ne sommes même pas capables de prendre soin de notre propre planète.

Notre conscience de la Terre existe dans un rapport au temps particulier. Ça n'a pas d'importance que l'humanité y soit ou non. La Terre est un bon professeur pour ceux qui prennent le temps d'écouter. La vie ne s'arrêtera pas là, peu importe ce que fait l'humanité. La Terre continuera. Seule l'humanité retournera au néant d'où elle est née. Chacun dans le monde, peu importe où il vit ou comment il vit, entretient une relation intime avec la Terre. Soyez sûr que la vôtre est affectueuse et positive.

Ma philosophie sur la nourriture

La nourriture que nous préparons pour alimenter nos corps vient de la récolte. En cuisinant simplement et avec peu d'ingrédients, nous avons une alimentation convenable pour un corps en santé. Il semble qu'en tant qu'Américains, nous sacrifions nos bonnes habitudes alimentaires pour la restauration rapide. Nous sommes ceux qui ont le plus de problèmes d'obésité, une nation malade dans le monde occidental. Nous mangeons trop gras et de la nourriture pleine de produits chimiques. Nous soutenons les producteurs de nourriture au détriment de notre propre santé. Les cinq produits les plus vendus dans les supermarchés sont : Coca-Cola, Pepsi-Cola, les soupes Campbell, le fromage fondu et la bière. Ces produits contiennent de grandes quantités de sucre et/ou de sel. Aucun d'eux ne contribue à une bonne santé.

Les industries de la viande et des produits laitiers – sans oublier l'industrie du tabac – nous vendent leurs marchandises en insistant sur le fait que des quantités excessives de lait ou de viande sont bonnes pour nous. Toutefois, ce sont précisément ces quantités excessives de viande et de produits laitiers qui ont contribué au grand nombre de cancers du sein (et d'autres cancers) et aux mal-êtres coronariennes dans notre pays. La surconsommation d'antibiotiques a permis à des mal-êtres jamais vues auparavant de faire leur apparition dans nos vies. Les antibiotiques tuent la vie ! La communauté médicale admet qu'il n'y a aucun moyen d'éliminer ces nouvelles mal-êtres, alors elle se tourne vers les riches compagnies pharmaceutiques, qui torturent les animaux avec leurs essais en laboratoire, simplement pour créer de nouveaux produits chimiques, qui ne feront que contribuer à la détérioration de notre système immunitaire.

Les hormones génétiquement modifiées se sont insérées dans le lait et il est devenu dangereux pour notre santé de manger de nombreux produits laitiers comme le yogourt, le beurre, le fromage, la crème glacée, les sauces avec de la crème, les soupes avec de la crème et tout ce qui est à base de lait, y compris nos chères crêpes américaines. Ces hormones viennent aussi des compagnies pharmaceutiques. En tant qu'être humain concerné, vous devez savoir si le lait que vous achetez contient des hormones génétiquement modifiées. Posez la question à votre détaillant et exigez une réponse.

Vérifiez si la crème glacée que vous donnez à vos enfants les empoisonne doucement. La crème glacée devrait être constituée seulement de lait, d'œufs et de sucre. Notez qu'aujourd'hui, les industriels ne sont pas obligés d'inscrire les nombreux ingrédients synthétiques ajoutés sur les étiquettes.

Ma philosophie de base sur la nourriture est : « si ça pousse, mange-le ; si ça ne pousse pas, ne le mange pas ». Les fruits, les légumes, les noix et les fibres poussent. Les Twinkies et le Coca-Cola ne poussent pas. Les choses qui poussent nourrissent votre corps. Les produits synthétiques et industriels ne peuvent pas nourrir la vie. Peu importe combien la photo sur l'emballage est belle et attirante, il n'y a pas de vie dans ce paquet !

Les cellules dans votre corps sont vivantes et, comme telles, elles ont besoin de nourriture vivante pour croître et se reproduire. La vie nous fournit les choses dont nous avons besoin pour nous nourrir et rester en santé. Plus vous mangez simplement, plus vous serez en santé.

Nous sommes ce que nous pensons et mangeons. Sachant que nous récoltons ce que nous semons, je me suis souvent questionnée à propos du karma des industriels de l'alimentation qui créent sciemment des aliments qui abîment le corps, ou des fabricants de cigarettes qui mettent des additifs dans leurs produits pour créer encore plus de dépendance.

Nous devons faire attention à ce que nous mettons dans notre corps ! Si nous ne le faisons pas, qui le fera ? Nous empêchons le mal-être en étant conscients. Certaines personnes voient leur corps comme des machines dont ils peuvent abuser, puis qu'ils peuvent faire réparer !

Comment je me suis guérie

Les médecins m'ont appris que j'avais un cancer au milieu des années 1970. C'était au moment où je devenais consciente de toutes les pensées négatives qui me traversaient l'esprit. Malheureusement, il y avait aussi beaucoup d'aliments sans valeur nutritive logés dans mon corps.

Pour me guérir, je savais qu'il était essentiel que je chasse à la fois les croyances négatives qui contribuaient à ma mauvaise condition physique et mes mauvaises habitudes alimentaires.

La première étape a été de prendre le chemin holistique et métaphysique de la guérison. J'ai demandé aux médecins six mois avant de m'opérer, en utilisant l'excuse que ça me prendrait tout ce temps pour réunir l'argent pour l'opération. J'ai alors trouvé un naturopathe qui m'a beaucoup appris à propos de la santé holistique.

Il m'a fait suivre un régime à base d'aliments crus pendant six mois et j'avais si peur du cancer que j'ai suivi le régime à la lettre. J'ai mangé beaucoup de germes et de purées d'asperges, j'ai fait un nettoyage du côlon, j'ai eu des massages de pieds, et je me suis fait des lavements au café. J'ai aussi beaucoup marché, prié et je me suis engagée dans une thérapie pour éliminer tous les ressentiments de mon enfance. Plus important encore, je me suis exercée à pardonner et j'ai appris à m'aimer. Grâce à la thérapie, j'ai appris à reconnaître la vérité à propos de l'enfance de mes parents et j'ai commencé à comprendre leurs antécédents. Je pouvais commencer le processus du pardon.

Je ne peux pas dire ce qui a entraîné la guérison, mais après ces six mois, les médecins ont été forcés de constater ce que je savais déjà :IL N'Y AVAIT PLUS AUCUNE TRACE DE CANCER !

Un carburant sain pour le corps

Depuis cette période, j'ai exploré différents systèmes holistiques et j'ai découvert que certains correspondaient mieux à mon style de vie que d'autres. J'ai appris que j'aimais la nourriture macrobiotique, mais que la cuisiner me demandait trop de temps. J'ai aussi apprécié le programme de nourriture crue du docteur Ann Wigmore et autres, que j'ai trouvé très purifiant et délicieux. Mon corps aime beaucoup les aliments crus l'été, mais je peux seulement en manger une quantité limitée en hiver, car mon corps tend à avoir trop froid.

La méthode des combinaisons alimentaires prônée dans le livre de Harvey et Marilyn Diamond, *Fit for Life,* est une autre solution saine. Les auteurs recommandent de manger seulement des fruits le matin, puis d'éviter de manger des féculents et des protéines dans le même repas — ce qui revient à manger des protéines avec des légumes et des féculents avec des légumes. Chaque groupe alimentaire a besoin d'enzymes différentes pour que la digestion soit complète. Quand les féculents et les protéines sont mangés ensemble, les différentes enzymes de la digestion s'annulent et la digestion a lieu seulement en partie. Non seulement les bonnes combinaisons alimentaires améliorent votre digestion, mais elles vous font perdre du poids !

Explorer diverses approches — pour voir ce qui fonctionne le mieux pour vous — nous permet de trouver le meilleur régime alimentaire pour notre corps.

Pour moi, les résultats de mon nouveau comportement alimentaire se sont répercutés dans tout mon être. Quand j'ai commencé à me renseigner sur la nutrition, je me suis penchée sur ce qu'était la meilleure nourriture. C'était au moment où j'en suis venue à réaliser les lois de la Vie et où j'ai commencé à avoir des pensées plus saines. Aujourd'hui, je suis septuagénaire et j'ai plus d'énergie qu'il y a 30 ans. Je peux travailler dans mon jardin toute la journée et porter des sacs de compost de 20 kilos. Si je sens que je développe un rhume, je peux vite l'enrayer. Si je fais des excès lors d'une soirée, je sais quoi manger le lendemain pour retrouver mon énergie. En somme, je mène une vie plus saine, plus heureuse !

Épurer votre régime

Le corps change quand il est nourri de trop d'aliments industriels et d'additifs. La farine blanche et le sucre contribuent à nous rendre malades, comme les produits pulvérisés ou une consommation excessive de viande et de produits laitiers, qui introduisent tous des toxines dans le corps. Sur le plan physique, l'arthrite est un mal-être due à la toxicité ; le corps a trop d'acidité. Un régime qui est riche en fibres, en légumes et en fruits frais est un premier pas sur la route du bien-être.

De même, nous devons vraiment faire attention à ce que nous mangeons et à comment nous nous sentons après avoir mangé. Par exemple, si vous déjeunez et qu'une heure plus tard, vous voulez aller vous coucher, vous avez visiblement mangé quelque chose qui ne vous convient pas. Commencez par vous souvenir des plats qui vous donnent de l'énergie et mangez-en beaucoup. Retracez les aliments qui vous mettent à plat et éliminez-les de votre diète.

Si vous trouvez que vous avez beaucoup d'allergies, mon premier commentaire (sur le plan métaphysique) serait : « À qui êtes-vous allergique ? » Sur le plan physique, vous devriez consulter un bon nutritionniste. Si vous ne savez pas où trouver un nutritionniste, je vous suggère de vous rendre à votre magasin diététique local. Demandez au personnel de vous en recommander un. Ils connaissent toujours les praticiens locaux. Ce que je recherche quand je rencontre un nouveau nutritionniste, c'est quelqu'un qui me donnera un régime spécifiquement adapté à mes besoins particuliers, plus que quelqu'un qui ne fait que donner un régime standard pour tout le monde.

Je pense que le lait de vache, qui est très nuisible pour le corps, peut être remplacé par le lait de soya, que l'on retrouve de plus en plus dans les supermarchés. Comme mon corps n'apprécie pas trop les produits à base de soya, je les remplace par un lait de riz nommé Rice Dream. Il est important de varier ce qu'on boit et ce qu'on mange. Les saveurs de vanille et de caroube sont délicieuses pour les desserts. J'utilise souvent la vanille dans mes céréales le matin (et parfois même du jus de pommes).

Je crois que le jeûne est aussi une excellente technique pour se purifier. Un ou deux jours de jus de fruits ou de légumes ou de bouillon de potassium peuvent faire des merveilles sur le corps, mais je pense que de longs jeûnes sont à conseiller SEULEMENT SOUS LA SUPERVISION D'UN PROFESSIONNEL FORMÉ, QUI EST SPÉCIALISÉ DANS LE JEÛNE.

Si vous décidez de faire un jeûne, mais en consommant des jus de fruits ou de légumes (ou si vous voulez simplement boire de délicieux jus de temps en temps), il est bon d'avoir sa propre centrifugeuse. Je préfère personnellement celle de la marque Champion. C'est du solide et elle durera longtemps. C'est aussi la seule centrifugeuse que je connaisse qui peut faire une purée de fruits congelés qui a le goût de la crème glacée ou du sorbet. Elle est aussi facile à nettoyer. Le truc pour laver les centrifugeuses, c'est de le faire IMMÉDIATEMENT après usage. Si vous ne le faites pas, les petits trous seront bouchés et collés et très difficiles

à
nettoyer. Il y a aussi des centrifugeuses qui fonctionnent bien pour de petites quantités de fruits et de légumes. Toutefois, elles sont difficiles à nettoyer et seront surchargées si vous faites beaucoup de jus.

Quand je le peux, je passe une journée par semaine à me reposer, à lire, ou à écrire à l'ordinateur. Je reste au lit et je mange très léger, parfois juste du liquide. Le lendemain, je me sens comme une nouvelle personne avec beaucoup plus d'énergie. C'est un acte d'amour de soi.

Oui, je mange de petites quantités de viande de temps à autre. Bien que je mange beaucoup de légumes, je ne suis pas complètement végétarienne. Mon système exige de la viande une ou deux fois par semaine, mais j'essaie de m'en tenir à l'agneau de Nouvelle-Zélande, au bœuf sans hormones ou au veau élevé en plein air et, à l'occasion, au poulet ou au poisson.

J'ai aussi doucement réduit le sucre dans mon alimentation et je n'en utilise maintenant presque plus. Quand je cuisine à la maison, j'utilise un produit nommé FRUITSOURCE, un édulcorant fait de raisins et de fibres. Personnellement, je n'utilise jamais les édulcorants artificiels que vous voyez sur les tables des restaurants. Si vous lisez les étiquettes sur ces paquets, vous verrez que ces produits sont préjudiciables pour la santé.

Faire face aux petites rages de nourriture

Les rages de certains types d'aliments indiquent presque toujours un certain déséquilibre dans votre corps. *Constant Craving : What Your Food Cravings Mean and How to Overcome Them*, est un livre de Doreen Virtue qui traite de ce sujet. Le corps essaie de compenser les manques quand il a une rage de quelque chose. Par exemple, un surplus de protéines peut créer une rage de sucré, tandis qu'un manque de magnésium provoque souvent une rage de chocolat. Un régime équilibré, composé de légumes, de fruits frais et de fibres, contribuera à équilibrer vos papilles gustatives et vos petites rages commenceront à diminuer.

Certaines personnes trouvent qu'elles ont surtout des rages de produits gras. Comme vous le voyez probablement avec toutes les publicités sur le nombre de « grammes de gras », manger trop de gras peut boucher les artères, causer des maladies du cœur, et bien sûr, faire grossir. Malheureusement, la plupart d'entre nous avons beaucoup consommé de gras quand nous étions jeunes, alors c'est un défi de commencer à manger des aliments simples. Nous pensons que le goût du gras est normal et savoureux. Mais un hamburger double au fromage avec des frites est plein de gras non saturés et de sel. Sachez qu'après trois jours de jeûne à boire uniquement du jus, les aliments simples ont très bon goût. Donc, si vous avez une rage de goût et de saveur de nourriture grasse, essayez une de ces affirmations :

J'AIME LES ALIMENTS SIMPLES ET NATURELS.
LES ALIMENTS QUI SONT BONS POUR MON CORPS
ONT TRÈS BON GOÛT.
J'AIME ÊTRE EN FORME ET AVOIR DE L'ÉNERGIE.

La première semaine de régime faible en gras risque d'être difficile, mais si vous continuez à manger des légumes, des fruits et des fibres avec très peu d'assaisonnement, vos papilles gustatives commenceront à changer. Commencez par modifier vos papilles gustatives en utilisant quelques substituts du sel. Le sel végétal Veg-Sal est un produit avec très peu de sel et beaucoup de légumes. Vegit et Mrs. Dash sont aussi populaires. Spike en est un autre, bien qu'il contienne de la levure. Même avec les substituts, il est sage de s'habituer petit à petit à moins de sel, jusqu'à ce que vous appréciez le goût des aliments purs. Les granules d'algues

Sea Seasonnings sont une bonne façon d'incorporer les végétaux de la mer dans votre régime.

Guérir vos troubles alimentaires

Dans les lettres que je reçois de gens de partout dans le monde, il y a des questions à propos de la nourriture et de la nutrition qui reviennent fréquemment. C'est pourquoi j'aimerais partager mon opinion avec vous sur ces sujets, mais rappelez-vous que ce n'est que mon avis personnel.

L'anorexie

Je crois que le facteur qui contribue à l'anorexie, c'est la haine de soi pure et simple, accompagnée d'un sentiment total d'insécurité, de ne pas se sentir assez bien. Parfois, au cours de l'enfance, certaines personnes commencent à croire que quelque chose ne va pas chez elles, alors elles cherchent une excuse pour expliquer leur malaise : « Si j'étais mince, on m'aimerait et je serais plus jolie... » Les personnes qui souffrent d'anorexie doivent accepter le fait qu'il n'y a RIEN QUI NE VA PAS AVEC ELLES, qu'elles peuvent tout à fait être aimées, et, ce qui est encore plus important, qu'elles sont dignes de s'aimer elles-mêmes.

La boulimie

La cause psychiatrique de la boulimie est très similaire à celle de l'anorexie, sauf que l'anorexique n'est jamais assez mince alors que la personne boulimique doit maintenir son poids à tout prix. Les boulimiques se gavent de mauvais sentiments, puis se font vomir pour se purger. Dans tous les cas, il y a un petit enfant à l'intérieur qui a désespérément besoin d'amour. Ce que les anorexiques et les boulimiques doivent savoir, c'est qu'il n'y a qu'eux qui peuvent donner à leur enfant intérieur l'amour et l'acceptation dont celui-ci a besoin. Le sentiment d'avoir de la valeur et l'estime de soi émanent de l'intérieur et n'ont rien à voir avec notre apparence.

Un des meilleurs traitements contre l'anorexie et la boulimie serait un groupe de thérapie qui se concentrerait sur l'amour de soi. C'est le cadre idéal pour découvrir nos croyances trompeuses et apprendre que les autres personnes nous aiment vraiment et nous acceptent comme nous sommes. Quand nous apprenons à nous aimer, nous tendons automatiquement à prendre soin de nous et à apprendre que les aliments sont bons pour notre corps. Une alimentation saine et nutritive ne convaincra pas l'enfant intérieur qui souffre qu'il est digne d'amour.

Le surplus de poids

Je crois que nous prenons du poids parce que nos corps sont toxiques. Nous les avons bourrés de toutes sortes de mauvais aliments depuis trop longtemps. Il est inutile de se lancer dans un régime accéléré pour perdre du poids, car, après vous être privé, vous reprenez le poids très rapidement. La meilleure décision est de viser la santé et d'apprendre à manger de façon plus saine. Cette simple pratique vous aidera à perdre votre excès de poids. Et si vous continuez à manger des aliments sains, votre poids se stabilisera. (*Image et amour de soi : Guérir ses blessures pour perdre des kilos*, de Doreen Virtue, est un bon livre pour ceux d'entre vous qui veulent rompre le lien entre l'abus, le stress et le surplus de poids.)

Les régimes stricts sont une forme de haine de soi. Ils ne reflètent pas l'amour de soi et ils ne créent pas de changements permanents. Quand il y a un vrai amour de soi, on n'a pas besoin de régime ; le changement se produit automatiquement. Le livre de

Sondra Ray, *The Only Diet There Is,* vous montre comment supprimer vos pensées négatives de votre régime.

Si vous avez des enfants qui mangent des aliments sans valeur nutritive ou qui ont un surplus de poids, essayez d'être un bon exemple pour eux. Sortez tous les éléments sans valeur nutritive de la maison et étudiez la nutrition ensemble. Faites choisir à vos enfants leurs propres aliments parmi une sélection de bons produits. Observez comment les différents aliments vous touchent les uns les autres. Faites de cette nouvelle façon de manger une expérience pédagogique. Laissez vos enfants vous apprendre quelque chose sur la nutrition chaque semaine.

En ce qui concerne les enfants qui ont un surplus de poids, rappelez-vous, en tant que parents, de faire les courses et de contrôler les aliments qui entrent dans la maison. Toutefois, ces enfants font habituellement face à des problèmes d'insécurité. Essayez de discerner ce qui ennuie tellement vos enfants qu'ils ont besoin de grossir pour se protéger. Êtes-vous trop dur avec eux ? Quand la communication a-t-elle été brisée entre vous ?

À propos des enfants qui ont un surplus de poids, je dois ajouter que la prolifération de la restauration rapide a causé des dommages énormes. De plus, non seulement nous avons beaucoup d'enfants qui ne sont pas en santé ou qui ont des surplus de poids, mais ils tendent aussi à devenir des adultes qui pensent que manger gras ou des aliments non nutritifs est la norme. Ne vous demandez pas pourquoi nous avons tant de personnes avec un surplus de poids. Le taux élevé de gras et de sucre contribue à l'hyperactivité des enfants, à l'indiscipline des adolescents et à remplir les prisons. Nous n'avons pas besoin de régimes ; ce dont nous avons besoin, c'est de revenir à une alimentation naturelle, à des aliments sains.

L'hypoglycémie

Les personnes qui souffrent d'hypoglycémie se sentent souvent accablées par le poids de la vie ; elles voient la vie comme quelque chose de difficile. Il y a habituellement un peu d'apitoiement sur soi aussi, avec un sentiment général qui s'exprime ainsi : « À quoi ça sert ? »

Ces personnes doivent manger de petits repas sur une base régulière. Elles doivent aussi vérifier leur taux de glycémie pour maintenir leur niveau d'énergie. Le sucre est cependant la pire chose à consommer, car il fait augmenter la glycémie, puis la fait chuter brusquement, ce qui est épuisant pour le corps. Les fibres sont les meilleures choses à manger parce qu'elles maintiennent la glycémie à un même niveau pendant longtemps. Manger des céréales naturelles au petit-déjeuner, chaudes ou froides, sans sucre, maintiendra votre énergie jusqu'au dîner. De même, il est toujours sage pour une personne hypoglycémique d'emporter des petits repas nutritifs avec elle pendant la journée. Des légumes crus, un peu d'amandes crues, des biscuits ou un peu de fromage de soya sont de bons choix. Les fruits secs ne sont pas une bonne idée, car ils sont trop concentrés et trop sucrés. De nouveau, un nutritionniste qualifié peut vous offrir les meilleurs conseils.

La dépendance à la nicotine

J'ai fumé pendant de nombreuses années, à partir de l'âge de 15 ans. À ce moment, je voulais paraître sophistiquée et adulte. Je pensais que les cigarettes m'aideraient à me calmer les nerfs, mais elles n'ont fait que me rendre plus nerveuse. Elles sont devenues une façon pour moi de faire face à mon sentiment d'insécurité. Comme beaucoup de gens, je suis devenue dépendante, et il m'a fallu plusieurs fois pour finalement arrêter de fumer.

Les cigarettes sont des substituts de nombreuses autres choses. Elles peuvent être un écran de fumée pour éloigner les gens, un substitut pour un compagnon, un moyen de contrôler les sentiments, une façon de se faire du mal, ou même un mauvais moyen de contrôler son poids. Peu importe pourquoi une personne commence à fumer, une fois qu'elle a commencé, fumer devient vite une dépendance à laquelle il est très difficile de mettre un terme. Maintenant, les compagnies de tabac ajoutent des substances qui nous rendent encore plus dépendants.

Quand un fumeur décide qu'il veut arrêter, il peut emprunter plusieurs avenues. Il ne faut pas mener ce combat seul. Par contre, le fumeur doit vraiment vouloir arrêter. Si c'est votre cas, l'acuponcture vous aidera à passer à travers les crises. Il existe aussi des remèdes homéopathiques tels que Smoking Withdrawal Relief de Natra-Bio, ou la tisane NICOSTOP de Crystal Star. Mastiquer de la réglisse peut aussi vous aider. Allez dans votre magasin diététique local pour d'autres possibilités.

Alternative Medecine, du groupe Burton Goldberg, recommande de prendre un bain avec 200 grammes de sel d'Epsom. Il fait sortir la nicotine et le goudron de la peau. Prenez ensuite une douche et séchez-vous avec une serviette blanche. Vous serez surpris de voir les résidus brunâtres sur la serviette, causés par la nicotine qui a été sécrétée par la peau.

Je pense que ce serait une excellente idée pour tout le monde, fumeurs ou non, d'écrire à toutes les compagnies de tabac et d'exiger qu'elles arrêtent de mettre des additifs qui rendent dépendants dans les cigarettes. C'est une pratique malicieuse et un signe d'avidité aux dépens de la santé des consommateurs. Si le gouvernement n'intervient pas, alors nous, le peuple, le ferons.

Les rhumes et la fièvre

Sur le plan métaphysique, les rhumes sont liés à une congestion mentale. Si vous êtes très confus et que vous avez trop de projets en même temps, vous êtes souvent dans l'impossibilité de prendre des décisions claires.

Sur le plan physique, les rhumes proviennent d'une alimentation trop riche en aliments non naturels, qui encombrent les intestins. La solution est donc de s'alléger. Allégez votre régime en mangeant plus de légumes et de fruits frais, et des fibres. Mettez de côté les produits alimentaires industriels et les viandes lourdes. Faites la même chose avec les produits laitiers. Le lait crée des mucosités dans le corps. Beaucoup de problèmes d'oreilles ou de poumons sont aggravés par les produits laitiers.

Un rhume est aussi le signe naturel que le corps a besoin d'une pause – une pause de stress et une pause de nourriture. Si nous courons à la pharmacie acheter le dernier médicament en vente libre pour étouffer nos symptômes, nous ne permettons pas au corps, qui possède le pouvoir de guérir, de s'en occuper. Nous devrions écouter notre corps et répondre à ses messages. Notre corps nous aime et veut que nous soyons en santé.

Je sursaute chaque fois que je vois une publicité à la télé qui promeut le dernier médicament qui vous remettra sur pied en un rien de temps. Quand nous prenons ces remèdes, c'est comme si nous fouettions un cheval fatigué pour le faire travailler plus fort. Ça ne fonctionne pas et c'est loin d'être un acte d'amour. Le corps qui est maltraité s'épuise vite.

La fièvre représente généralement une colère qui brûle. Sur le plan physique, le corps crée la fièvre pour brûler les toxines. C'est une façon de se nettoyer.

Pendant longtemps, nous avons tant réprimé nos pensées et nos émotions, particulièrement en consommant des médicaments, que nous ne savions pas ce que nous pensions ou ressentions vraiment. Nous ne savions pas si nous étions malades ou pas.

La candidose

Les gens qui souffrent de candidose sont souvent très frustrés et en colère, et ils peuvent se sentir perdus dans leur vie personnelle et professionnelle. Comme ils sont toujours insatisfaits, ils sont souvent très exigeants dans leurs relations avec les autres. Ils prennent beaucoup, mais donnent peu. Tôt dans la vie, ils ont appris qu'ils ne pouvaient pas faire confiance aux gens qui étaient proches d'eux. Puis, ils ne peuvent même plus se faire confiance à eux-mêmes.

Selon *Healthy Healing*, une référence en matière de guérison alternative, écrite par la docteure Linda Rector-Page, « la candidose est un état de déséquilibre intérieur, pas un germe, un microbe ou une maladie. Le "candida albicans" est un champignon qu'on retrouve le plus souvent dans les zones gastro-intestinales et génito-urinaires du corps. Il est généralement inoffensif, mais quand le système immunitaire est faible, il peut se multiplier rapidement, se nourrissant des sucres et des glucides sur son passage. Il détruit les toxines dans la circulation sanguine et provoque des problèmes graves. Le stress et le manque de repos aggravent cette situation dans le corps qui est déjà déséquilibré. » *Healthy Healing* est un excellent livre, que je vous recommande fortement, avec le manuel de cuisine *Cooking for Healthy Healing*.

Pour traiter la candidose, les nutritionnistes recommandent d'éliminer le sucre, la saccharine, le pain, la levure, les produits laitiers, les fruits, le thé, le café, le vinaigre et le tabac pendant au moins deux mois. La candidose est un mal-être qui nécessite un traitement,par un nutritionniste qualifié.

La ménopause

Je crois que la ménopause est une étape normale et naturelle de la vie. Ça n'est pas un mal-être. Chaque mois, pendant les menstruations, le corps se débarrasse du lit qui était préparé pour le bébé qui n'a pas été conçu. Il libère de nombreuses toxines en même temps. Quand nous mangeons des aliments sans valeur nutritive ou même la quantité moyenne de produits alimentaires consommée par un Américain, 20 % de sucre et 37 % de gras, nous accumulons les toxines. Peut-être plus que ce que nous pouvons en éliminer.

Si nous avons trop de toxines dans notre corps quand nous commençons notre ménopause, cette étape sera plus difficile. Donc, plus vous prenez soin de votre corps sur une base quotidienne, plus votre ménopause se passera bien. Une ménopause facile ou difficile dépend de ce que nous pensons de nous-mêmes depuis la puberté. Les femmes qui ont vécu une ménopause difficile sont habituellement des personnes qui ont longtemps mal mangé et qui ont eu une mauvaise image mentale d'elles-mêmes.

Dans les années 1900, notre espérance de vie était d'environ 49 ans. À cette époque, la ménopause n'était pas grand-chose. Au moment où vous étiez ménopausée, vous approciez de la fin de votre vie. Aujourd'hui, notre espérance de vie est d'environ 80 ans, et la ménopause est un problème que nous devons assumer. De plus en plus de femmes, de nos jours, choisissent de jouer un rôle plus actif, plus responsable, dans leur santé, pour évoluer en harmonie avec leur corps et pour permettre à cette étape de changement qu'est la ménopause de se dérouler naturellement, avec le moins d'inconfort et de perte de capacités possible. Nous ressentons tous différents degrés d'empressement à faire quelque chose. Pour la plupart d'entre nous, le degré de responsabilité et d'engagement nécessaire à fournir, pour que notre esprit et notre corps soient en harmonie quand vient le temps des étapes difficiles, est trop élevé. Nous avons besoin de l'aide des médecins ou d'autres sources, jusqu'à ce que nous nous sentions suffisamment prêts à faire face aux problèmes qui ont des répercussions sur notre santé et sur notre bien-être, comme les croyances à propos de notre propre valeur. Dans notre société patriarcale, il existe une croyance voulant que les femmes n'aient peu ou pas de valeur sans leur pouvoir de reproduction. Il n'est donc pas étonnant que beaucoup de femmes aient peur de la ménopause et y résistent. La thérapie à l'œstrogène ne règle pas ces types de problèmes. Seuls notre cœur et notre esprit peuvent guérir ces perceptions.

Je pense qu'il est essentiel que les femmes s'éduquent elles-mêmes à propos ce qu'elles veulent vraiment. Lisez et partagez avec vos amies le livre de Sandra Coney, *The Menopause Industry : How the Medical Establishment Exploits Women* (Hunter House). Ce livre indique que jusqu'aux années 1960, les médecins n'étaient pas très intéressés par la ménopause. On disait aux femmes que ça se passait dans leur tête. Après tout, Freud a dit que la ménopause était un état de névrose.

Le docteur A. Wilson, un gynécologue de New York, a fondé une fiducie privée, financée par les dons de l'industrie pharmaceutique. Son livre, *Feminine Forever*, publié en 1966, a lancé une croisade pour délivrer les femmes de la « décrépitude » de la ménopause et pour que les femmes prennent des œstrogènes de la puberté jusqu'à la mort. Aujourd'hui, la ménopause est devenue un produit commercial. L'industrie pharmaceutique a promu l'idée que la ménopause est un mal-être, car il existe des médicaments pour la traiter.

Sandra Coney continue en disant : « La ménopause est le domaine dans lequel on retrouve le plus de sexisme en médecine. La nouvelle vision de la ménopause en tant que maladie domine la société. La médecine moderne ne rend pas les femmes plus puissantes et maîtres de leur vie. Elle les transforme en malades. »

Je ne suis pas en train de dire qu'il n'y a pas certaines femmes qui ont besoin de la thérapie de remplacement d'hormones (TRH). Mais la plupart des établissements médicaux déclarent maintenant que toutes les femmes ont besoin de la TRH, de la ménopause jusqu'à la mort : cela revient à condamner et à déprécier la quarantaine. Ce que je veux souligner, c'est que s'efforcer de créer l'harmonie et l'équilibre avec notre corps et notre esprit peut affaiblir les effets secondaires des hormones.

Dans mon cas, quand j'ai eu mes premières chaleurs, je suis allée voir un ami homéopathe. Il m'a donné une dose d'un remède homéopathique et je n'ai plus jamais eu de chaleurs. Ça a été une bénédiction qu'il me connaisse si bien. Il existe de nombreuses herbes utilisées aujourd'hui par les nutritionnistes, qui sont très efficaces quand vous traversez cette étape de la vie. Il y a aussi des substances naturelles qui remplacent les œstrogènes. Parlez-en à votre nutritionniste.

Souvenez-vous : les femmes d'aujourd'hui sont les pionnières qui travaillent en vue de changer les modèles de croyances anciens et négatifs, pour que nos filles et nos petites-filles n'aient plus jamais à souffrir au cours de la ménopause.

L'eau

De l'eau pure. L'oxygène vient en tête de liste et l'eau en second, quand vient le temps de citer les plus importants éléments pour la santé. Il n'y a rien de tel. Non seulement l'eau étanche la soif, mais elle purifie le corps. Si, chaque fois que vous avez envie de grignoter, vous buviez un grand verre d'eau, vous rendriez un grand service à votre corps. Notre corps est constitué de presque 70 % d'eau. Chaque cellule a besoin d'eau pour être pleinement efficace. Je suggère que vous appreniez à boire beaucoup d'eau, à une exception près : ne buvez pas d'eau pendant les repas, car elle diluerait vos liquides digestifs et vous ne garderiez pas assez de nourriture.

Malheureusement, l'espèce humaine – surtout les industriels – ont pollué cette précieuse substance pendant longtemps. La plupart de l'eau de nos villes n'est plus potable, c'est pourquoi elle est traitée avec des produits chimiques. De nombreux supermarchés et même les petites épiceries vendent de l'eau en bouteille. J'aime personnellement acheter la marque Artesian, quand je me déplace. À la maison, j'ai installé un filtre à l'extérieur de ma maison ; ainsi, toute l'eau est filtrée, y compris celle pour ma douche. Dans l'évier de la cuisine, j'ai un autre filtre pour que l'eau que je bois soit filtrée deux fois. Les filtres Multi-Pure Water sont mes préférés.

Ici, en Californie du Sud, nous avons des périodes de sécheresse. Au cours de la dernière, j'ai envoyé les idées suivantes à notre journal local :

Utiliser le bon sens pour épargner davantage l'eau

Nous sommes tellement habitués à ce qu'il y ait de l'eau et nous l'utilisons si généreusement que maintenant, lorsque que nous en manquons et qu'on nous demande de diminuer notre consommation de 50 %, nous ne savons plus quoi faire. Voici donc quelques lignes directrices de « bon sens » que, avec un petit effort, nous pouvons facilement suivre.

1. Utilisez chaque quantité d'eau deux fois si possible. Ne jetez pas l'eau dans l'évier. Recueillez-la et réutilisez-la.
2. Lavez la laitue et les légumes dans une cuvette. Réutilisez l'eau pour arroser vos plantes.
3. Quand vous changez l'eau du chien, donnez l'eau sale aux plantes.
4. Passez aux savons et aux produits nettoyants biodégradables et non toxiques pour que vous puissiez facilement réutiliser l'eau pour les plantes sans leur nuire. Shaklee et Amway en fabriquent depuis des années. Vous pouvez aussi chercher d'autres marques.
5. Laissez votre lave-vaisselle prendre des vacances et recommencez à laver la vaisselle à la main. Vous épargnerez de l'eau et de l'électricité. Utilisez une bassine pour

laver et une autre pour rincer. Conservez absolument votre eau de rinçage.

6. Toute l'eau des vases à fleurs peut être réutilisée pour les plantes d'intérieur.(Elles adorent ça : l'eau est pleine d'éléments nutritifs.)
7. Quand vous vous lavez les dents ou le visage, mettez encore une cuvette dans le lavabo et recueillez l'eau pour les plantes d'extérieur.
8. Je garde une grande poubelle ou deux près de la porte de la cuisine et une près de la porte de la salle de bain. Je réserve toute l'eau que je n'ai pas besoin d'utiliser pour le moment, que ce soit l'eau de la vaisselle, du bain, l'eau de rinçage, etc.
9. Procurez-vous un réservoir pour les toilettes ou fabriquez-en un en doublant un sac en plastique rempli d'eau et bien solide. À Santa Barbara, où les citoyens ont fait face à une pénurie d'eau pendant longtemps, ils disaient : « Si c'est jaune, laisse-le. Si c'est brun, chasse-le. » En d'autres termes, vous ne devez pas tirer la chasse à chaque utilisation des toilettes.
10. Installez un économiseur d'eau à la pomme de douche. Mouillez votre corps, appuyez sur le bouton pour arrêter l'eau tandis que vous vous savonnez, puis rincez-vous rapidement.
11. Mettez un bouchon au fond de la cabine de douche et recueillez l'eau. Mettez-la dans un seau et utilisez-la pour les plantes.
12. Ce n'est peut-être pas dans vos habitudes, mais vous pouvez facilement prendre un bain dans 10 centimètres d'eau. Recueillez l'eau du bain et réutilisez-la au jardin. Même si vous n'avez pas de jardin à vous, vous pourriez verser un seau d'eau à l'extérieur chaque jour et peut-être

faire pousser un arbre. Adoptez un arbre quelque part et arrosez-le régulièrement avec l'eau que vous laisseriez normalement partir dans votre tuyauterie.

13. Soyez sûr que vous avez rempli votre machine à laver avant de l'utiliser.
14. Mettez un réservoir en bas de votre gouttière pour recueillir l'eau de pluie.
15. Vérifiez l'« eau trouble », celle que vous recyclez. Faites arranger votre tuyauterie par un plombier pour que l'eau de votre cuisine, de votre salle de bain et de votre machine à laver puisse servir à votre jardin.
16. Impliquez vos enfants. Discutez en famille. Voyez comment vous pouvez épargner le plus d'eau dans une journée.
17. Placez un paillis autour des plantes que vous arrosez dans votre jardin pour conserver l'humidité.

Malgré tous ces trucs, certains jardins auront de la difficulté. Souvenez-vous qu'il s'agit seulement d'une mesure provisoire. Quand la pluie reviendra, vous pourrez replanter.

Rappelez-vous aussi qu'à certains endroits sur la planète, on transporte l'eau dans un seau pour tous les besoins domestiques. Aussi difficile que ce soit de diminuer notre consommation d'eau, soyez reconnaissant de la commodité de l'eau qui est disponible chez nous. Bénissez l'eau avec amour chaque fois que vous l'utilisez. Soyez reconnaissant pour tout ce que vous avez.

Les joies de l'exercice

L'exercice est bon pour le corps. Faites tout ce qui vous rend en forme, peu importe qu'il s'agisse de vélo, de tennis, de course à pied, de volley-ball, de natation, de golf, de marche rapide, de trampoline, de corde à sauter ou que vous jouiez avec votre chien. Faire de l'exercice est vital pour rester en santé. Si vous n'en faites pas du tout, vos os s'abîment ; il leur faut de l'exercice pour rester solides. Nous vivons de plus en plus vieux et nous voulons pouvoir courir, sauter et bouger facilement jusqu'à notre dernier jour.

Je m'entraîne deux fois par semaine et je fais aussi du jardinage, ce qui est dur physiquement et me maintient en forme. Tout au long de ma vie, j'ai fait de l'exercice : du gymnojazz, de l'aérobie, de la gymnastique au sol, du yoga, du trapèze et de la danse. Depuis quelque temps, je m'entraîne selon la méthode Pilates. Nous travaillons avec des ressorts plutôt qu'avec des poids, ainsi les muscles s'étirent longtemps. Cette forme d'entraînement convient parfaitement à mon corps. Je marche aussi assez régulièrement, ce que j'aime beaucoup, car ça me donne la chance de me promener dans ma chère Californie du Sud.

Si vous pensez commencer un programme d'exercices, commencez doucement, par exemple en faisant le tour du pâté de maison. Lorsque vous aurez plus d'endurance, vous augmenterez votre vitesse et la distance parcourue, jusqu'à ce que vous marchiez d'un bon pas pendant un kilomètre et demi ou plus. Vous serez surpris par les changements que vous constaterez dans votre corps et dans votre esprit quand vous commencerez à prendre soin de vous de cette manière. Souvenez-vous : chaque chose que vous faites pour vous-même est un acte d'amour ou de haine envers vous. L'exercice est un acte d'amour. S'aimer est la clé du succès dans tous les aspects de votre vie.

Le livre *Healthy Healing* propose des exercices d'une minute pour ceux qui disent ne pas avoir le temps, ou qui sont trop pressés de passer à autre chose. Allongez-vous simplement sur le sol. Puis, levez-vous comme vous le pouvez. Ensuite, allongez-vous à nouveau. Faites cela pendant une minute. Ça exerce les muscles, les poumons et le système circulatoire.

Alors que je cherchais différents moyens de rester en forme, j'ai trouvé de nombreux exercices de deux à cinq minutes que l'on peut faire pendant la journée. Par exemple, pour contracter le bas de votre zone abdominale : expirez doucement et, alors que vous atteignez le moment où vous devriez avoir fini cette respiration, doucement et énergiquement, continuez à expirer *davantage*, en utilisant la force de vos muscles abdominaux inférieurs. Répétez cet exercice 10 fois chaque jour. Vous pouvez le faire où ça vous chante, une ou deux répétitions à la fois.

Mon exercice préféré d'une minute, que je fais quand je suis pressée, consiste simplement à sauter en l'air 100 fois. C'est rapide, facile et on se sent bien.

Alors, vous voyez, il y a des tas de façons de s'assurer que le corps ne devienne pas rouillé et raide. Faites de l'exercice et amusez-vous.

Soleil ou pas soleil

Je sais qu'il y a une polémique à propos du soleil ces temps-ci. Or, la façon naturelle de recevoir de la vitamine D, c'est de l'absorber par la peau quand nous nous exposons au soleil. Oui, je suis d'accord que s'exposer des heures et des heures n'est pas raisonnable. Toutefois, les êtres humains sont sur cette planète depuis des millions d'années, tout comme le soleil. Dieu nous a créés pour que nos corps soient compatibles avec le soleil. Dans les pays où le soleil est très fort, la nature nous a donné une pigmentation de peau plus sombre. Les indigènes africains sont dehors, au soleil, toute la journée et ils ne développent pas de cancer de la peau. Malheureusement, dans notre société moderne, nous nous sommes tellement éloignés de l'alimentation naturelle que la Nature a détraqué nos corps à tous les niveaux, y compris notre rapport avec le soleil.

L'espèce humaine, avec toute sa pollution, a aussi fait un trou dans la couche d'ozone autour de la planète. Au lieu d'enrayer le problème et de traiter notre air comme le bien précieux qu'il est, nous avons encore une fois fait appel aux compagnies pharmaceutiques et elles ont créé des crèmes solaires et des « écran total ». Maintenant, on nous dit que nous devrions appliquer ces crèmes chimiques dès que nous allons à l'extérieur. Nous sommes aussi encouragés à en mettre sur nos enfants et nos bébés. Je crois personnellement que tout ça n'est qu'une escroquerie, une propagande qui bénéficie aux compagnies pharmaceutiques.

L'ouvrage *Alternative Healing* rapporte de nouvelles recherches qui suggèrent que les crèmes solaires elles-mêmes peuvent causer des mélanomes, parce qu'elles empêchent la peau de produire de la vitamine D. De plus, il n'y a aucune preuve que les crèmes solaires empêchent le cancer chez les humains ; elles empêchent seulement les coups de soleil. Les recherches indiquent aussi que l'augmentation du taux de mélanomes est proportionnelle à la vente et à l'utilisation des crèmes solaires. Queensland, en Australie, a le plus haut taux de mélanomes au monde et c'est aussi l'endroit où les crèmes solaires ont été les plus fortement recommandées par la communauté médicale.

Soyez sensible au temps que vous passez au soleil. Une surexposition augmentera le vieillissement de votre peau, alors ne le faites pas. De même, faites attention aux produits chimiques que vous mettez sur votre peau, car la peau les absorbe.

Aimez votre corps

Quand vous écoutez avec attention les messages de votre corps, vous l'alimentez avec la nourriture dont il a besoin, et vous l'aimez. Je crois que nous contribuons à chaque soi-disant mal-être dans notre corps. Le corps, comme n'importe quoi d'autre dans la vie, est le miroir de nos pensées et de nos croyances intérieures. Le corps vous parle sans cesse, si vous prenez le temps de l'écouter. Chaque cellule dans votre corps répond à chacune de vos pensées et à chaque mot que vous prononcez.

C'est un acte d'amour que prendre soin de son corps. Tandis que vous en apprenez de plus en plus sur la nutrition, vous commencez à noter comment vous vous sentez après avoir mangé certains aliments. Vous comprenez lesquels vous donnent un maximum de force et beaucoup d'énergie. Puis, vous vous mettez à manger ces aliments.

Je ne crois pas que nous allons tous être malades et terminer notre vie dans des résidences pour personnes âgées — ce n'est pas ainsi que nous sommes censés quitter cette extraordinaire planète. Je pense que nous pouvons prendre soin de nous et être en bonne santé pendant très longtemps.

Nous devons chérir et révérer ces merveilleux temples dans lesquels nous vivons. Nous pouvons, entre autres, rester loin de l'aluminium, qui est une grande source de problèmes. Les recherches ont montré qu'il a un lien direct avec le mal-être d'Alzheimer. Souvenez-vous que l'aluminium ne se trouve pas seulement dans les emballages de déodorants, de bière ou de boissons non alcoolisées, mais dans le papier aluminium, les pots et les casseroles, que vous possédez sûrement. Je sais aussi que c'est un ingrédient qu'on retrouve dans les vaporisateurs et dans des préparations pour gâteau. Ceci n'est que poison pour votre corps. Et pourquoi voudriez-vous insérer du poison dans le corps que vous aimez ?

Je crois que le meilleur moyen d'être bon avec votre corps est de vous souvenir de l'aimer. Regardez-vous souvent dans le miroir. Dies-vous combien vous êtes merveilleux. Donnez-vous un message positif chaque fois que vous voyez votre image. Aimez-vous, tout simplement. N'attendez pas de devenir mince ou de développer vos muscles, de diminuer votre cholestérol, ou de réduire votre masse de gras. Faites-le maintenant. Parce que vous méritez de vous sentir merveilleux tout le temps.

VOUS ÊTES SUPER !

AFFIRMATIONS POUR AIMER SON CORPS

J'AIME MON CORPS.
MON CORPS AIME ÊTRE EN SANTÉ.
MON CŒUR EST LE CENTRE DE L'AMOUR.
MON SANG A UNE VIE ET DE LA VITALITÉ.
J'AIME CHAQUE CELLULE DANS MON CORPS.
TOUS MES ORGANES FONCTIONNENT PARFAITEMENT.
JE VOIS AVEC AMOUR.
J'ENTENDS AVEC COMPASSION.
JE ME DÉPLACE FACILEMENT ET CONFORTABLEMENT.
MES PIEDS DANSENT À TRAVERS LA VIE.
JE BÉNIS MA NOURRITURE AVEC AMOUR.
L'EAU EST MA BOISSON PRÉFÉRÉE.
JE SAIS COMMENT PRENDRE SOIN DE MOI.
JE SUIS PLUS EN SANTÉ QUE JE NE L'AI JAMAIS ÉTÉ.
J'AIME MON MAGNIFIQUE CORPS.

JE SUIS EN BONNE SANTÉ, GUÉRI ET TOUT LE RESTE

Je me pardonne de ne pas m'être occupé de mon corps dans le passé. J'ai fait de mon mieux avec la compréhension et la connaissance que j'avais. À présent, je prends soin de moi en me nourrissant du meilleur que la Vie a à offrir. Je donne à mon corps ce dont il a besoin sur tous les plans pour qu'il soit au meilleur de sa forme. Je mange des aliments nutritifs avec joie. Je bois beaucoup d'eau naturelle, pure. Je trouve sans cesse de nouvelles façons de faire de l'exercice qui sont plaisantes. J'aime toutes les parties de mon corps, intérieures comme extérieures. Je choisis maintenant les pensées de paix, d'harmonie et d'amour qui créent une atmosphère intérieure d'harmonie entre toutes les cellules de mon corps. Mon corps est un bon ami que je prends soin d'aimer. Je suis éduqué et nourri. Je me repose suffisamment. Je dors en paix. Je me réveille dans la joie. La vie est bonne et je l'apprécie. Qu'il en soit ainsi !

Chapitre quatre

Vos relations interpersonnelles

« Chaque personne que j'ai rencontrée reflète une partie de ce que je suis. »

La plus importante relation de toutes

La relation la plus durable que nous avons est celle que nous entretenons avec nous-mêmes. Toutes les autres relations vont et viennent. Même les mariages qui durent « jusqu'à ce que la mort nous sépare » ont une fin. La seule personne avec qui nous serons toujours, c'est nous. Notre relation avec nous est éternelle. Alors, à quoi ressemble cette relation ? Est-ce que nous nous réveillons un matin contents de nous trouver là ? Sommes-nous la personne avec laquelle nous aimons être ? Est-ce que nous aimons nos propres pensées ? Est-ce que nous rions avec nous ? Est-ce que nous aimons notre corps ? Sommes-nous heureux d'être avec nous ?

Si nous n'entretenons pas une bonne relation avec nous, comment pouvons-nous le faire avec quelqu'un d'autre ? Si nous ne nous aimons pas nous-mêmes, nous allons toujours chercher quelqu'un pour nous compléter, pour nous rendre heureux et pour réaliser nos rêves.

Attirer des relations saines

Être « dans le besoin » est la meilleure façon d'attirer des relations infructueuses. Comme l'auteur Wayne Dyer le dit : « Dans chaque relation où deux personnes font un, le résultat final donne deux moitiés de personnes. » Si vous attendez que l'autre personne « arrange » votre vie, ou soit votre « meilleure moitié », vous vous placez vous-même dans une situation d'échec. Vous devez être heureux avec la personne que vous êtes avant d'entrer dans une relation. Vous devez être assez heureux pour ne pas avoir besoin d'une relation pour être heureux.

De même, si vous entretenez une relation avec quelqu'un qui ne s'aime pas, il est impossible de vraiment plaire à cette personne. Vous ne serez jamais « assez bien » pour quelqu'un qui manque d'assurance, qui est frustré, jaloux, qui ne s'aime pas ou qui éprouve de l'amertume. Trop souvent, nous nous esquintons à essayer d'être assez bien pour nos partenaires, qui n'ont aucune idée de comment accepter notre amour, parce qu'ils n'aiment pas qui ils sont. La vie est un miroir. Ce que nous attirons reflète toujours nos qualités ou les croyances que nous avons à propos de nous-mêmes et de nos rencontres. Ce que les autres ressentent à notre sujet est leur propre vision limitée de la vie. Nous devons apprendre que la Vie nous a toujours aimés de façon inconditionnelle.

Les gens jaloux manquent beaucoup d'assurance ; ils ne s'estiment pas. Ils n'ont aucune confiance dans leur propre valeur. La jalousie dit : « Je ne suis pas assez bien, je ne vaux pas la peine d'être aimé, alors je sais que mon ou ma partenaire va me tromper ou me quitter pour quelqu'un d'autre. » Elle crée la colère et le blâme. Si vous restez avec une personne jalouse, c'est que vous croyez ne pas mériter une relation d'amour.

C'est souvent la même chose pour les époux violents. Ils ont grandi dans une famille où l'abus était normal et ils poursuivent simplement le modèle familial, ou ils blâment leur environnement et leurs partenaires pour leur manque de valeur personnelle. Les abuseurs n'arrêtent jamais le scénario d'abus, à moins qu'ils entreprennent une thérapie. Ils ont presque toujours eu un parent pour lequel ils éprouvent un profond ressentiment. Le pardon est un problème vital pour eux. Ils doivent comprendre leur passé et être prêts à changer.

L'influence de nos parents

Toutes mes relations sont basées sur celles que j'ai entretenues avec mes parents. J'ai été très choquée quand je l'ai découvert. Il y a plusieurs années, j'ai participé à un « atelier sur les relations amoureuses » dirigé par Sondra Ray, pensant apprendre comment vivre une histoire d'amour. J'ai été consternée quand j'ai appris que nous allions travailler sur nos relations avec nos parents. À la fin de l'atelier, cependant, j'ai su que la raison pour laquelle j'avais tant de problèmes dans mes relations amoureuses venait de mon enfance difficile.

Les abus que ma mère et moi avons subis, l'abandon et le manque d'amour de mon enfance ont été transférés dans mes relations interpersonnelles. Il n'est pas étonnant que j'attirais des hommes violents, qu'ils m'abandonnaient toujours, que je me sentais toujours mal-aimée et non désirée, que j'avais toujours des patrons qui m'intimidaient. Je ne faisais que vivre ce que j'avais appris en tant qu'enfant. Ce fut un atelier très important pour moi. J'ai éliminé bon nombre de mes ressentiments et j'ai appris à travailler sur le pardon. Ma relation avec moi s'est beaucoup améliorée. Je n'ai plus jamais attiré d'homme violent.

Alors, plutôt que de perdre son temps à dire « Les hommes ne sont pas bien » ou « Les femmes ne sont pas bien », regardons les relations que nous avons eues avec nos parents ou celles que nos parents ont eues entre eux.

Par exemple, quels sont vos reproches les plus fréquents à propos des hommes et des femmes dans votre vie ? :

Il n'est jamais...

Il est toujours...

Elle n'est jamais...

Elle est toujours...

Les hommes ne seront pas...

Les femmes ne seront pas...

Est-ce la façon dont votre mère ou votre père se sont comportés envers vous ? Est-ce que votre mère traite votre père de cette façon ? Ou est-ce que ceci décrit la façon dont votre père a traité votre mère ? Comment s'exprimait l'amour, à la maison, quand vous étiez enfant ?

Vous allez peut-être devoir retourner dans les relations de votre enfance avec votre père ou votre mère pour résoudre les peurs profondément ancrées en vous au sujet des relations interpersonnelles. Demandez-vous : Qu'est-ce que je dois abandonner pour vivre une relation ? Comment est-ce que je *me* perds quand je vis une relation ? Quels sont les messages que j'ai reçus en tant qu'enfant qui m'ont fait croire que les relations sont douloureuses ?

Affirmer son amour pour soi

Peut-être avez-vous beaucoup de mal à affirmer vos limites et les gens profitent-ils de vous. Vous exprimez alors sûrement un message qui dit : « Je n'ai aucune valeur et je ne me respecte pas. Il est normal que vous abusiez et que vous profitiez de moi. » Mais il faut que ceci cesse. Commencez dès aujourd'hui à affirmer votre amour pour vous et le respect de vous-même. Regardez-vous souvent dans un miroir et dites-vous : JE M'AIME. Aussi simple que ça puisse paraître, c'est une affirmation qui a un grand pouvoir de guérison. Alors que vous cheminez dans votre amour-propre, vos relations commencent à refléter cet amour et ce respect.

Vous pouvez vouloir rejoindre un groupe de soutien comme les Dépendants affectifs anonymes ou Al-Anon. Ce sont des groupes merveilleux, qui vous aideront à établir des limites dans vos relations et à vous reconnecter avec l'amour-propre et le respect qui sont en vous. Consultez votre bottin téléphonique pour trouver un groupe près de chez vous.

Je suis heureuse de constater que ces groupes d'aide deviennent la nouvelle norme sociale, c'est-à-dire des regroupements de personnes avec des problèmes similaires, cherchant des solutions. Si vous rencontrez quelqu'un dans un de ces groupes, vous savez que, bien qu'il ait des problèmes, il travaille pour développer ses qualités.

Je crois que nous avons des zones de confort dans nos relations interpersonnelles. Ces zones de confort se forment quand nous sommes petits. Si nos parents nous traitent avec amour et respect, nous associons ce type de traitement avec le fait d'être aimé. Si, comme c'est le cas pour bon nombre d'entre nous, nos parents sont incapables de nous traiter avec amour et respect, nous apprenons à nous satisfaire de ce manque. En tentant de réaliser notre besoin de nous sentir aimés et désirés, nous associons le fait d'être maltraité avec le fait d'être aimé. Ceci devient notre modèle, et comme tout modèle constitué dans l'enfance, il devient le modèle que nous utilisons inconsciemment dans toutes nos relations.

Ce modèle de croyance, soit que le fait qu'être maltraité correspond à de l'amour, n'a pas de sexe. Je crois toutefois que ce type de modèle dysfonctionnel est plus largement répandu chez les femmes, parce que, culturellement, les femmes sont encouragées à exprimer leur vulnérabilité et qu'elles sont donc plus disposées à admettre quand leur vie ne fonctionne pas. Ceci est en train de changer, toutefois, car de plus en plus d'hommes sont prêts à se reconnecter avec leur vulnérabilité. *Ces femmes qui aiment trop* de Robin Norwood est un excellent livre sur les relations interpersonnelles. Je recommande aussi les cassettes audio de Barbara De Angelis, *Making Relationships Work*. L'affirmation qui conviendrait à tout le monde serait : J'OUVRE MON CŒUR À L'AMOUR ET JE SUIS EN BONNE SANTÉ.

L'intégralité de cet important travail que nous faisons s'effectue sur nous-mêmes. Vouloir changer son partenaire est une forme subtile de manipulation, un désir d'avoir du pouvoir sur quelqu'un. Cela peut aussi être de l'autosatisfaction, car ça signifie que vous êtes meilleur que lui. Permettez à vos partenaires d'être ce qu'ils ont choisi d'être. Encouragez l'exploration de soi, la découverte de soi, l'amour-propre, l'acceptation de soi et la conscience de sa propre valeur.

Trouver l'amour

Si vous cherchez un ou une partenaire, je suggère que vous dressiez une liste de toutes les qualités que vous voudriez qu'il ou elle possède. Allez au-delà de « grand, brun et beau » ou « mignonne et blonde ». Écrivez *toutes* les qualités que vous recherchez. Puis, révisez cette liste et voyez combien de ces qualités *vous* possédez. Êtes-vous prêt à développer celles que vous n'avez pas ? Puis, demandez-vous ce qui, en vous, pourrait empêcher cette personne d'être attirée vers vous. Êtes-vous prêt à changer ces croyances ?

Y a-t-il encore une partie de vous qui croit que vous n'êtes pas aimable ou que vous êtes indigne d'être aimé ? Y a-t-il une habitude ou une croyance en vous qui repousse l'amour ? Y a-t-il quelque chose en vous qui dit : « Je ne veux pas vivre un mariage comme celui de mes parents ; donc je ne tomberai pas amoureux » ?

Peut-être vous sentez-vous isolé. Il est très difficile de se sentir connecté aux autres quand, pour la plupart, nous somment déconnectés de nous-mêmes. Dans ce cas, vous devez consacrer du temps de qualité avec vous-même. Devenez votre meilleur ami. Redécouvrez ce qui vous rend heureux, ce que vous aimez faire ; dorlotez-vous et gâtez-vous. Ainsi, nous comptons souvent sur les autres pour nous sentir aimés et connectés, alors que tout ce qu'ils renvoient est le reflet de notre propre relation avec nous-mêmes.

Que pensez-vous mériter dans une relation intime ? Quand nous grandissons avec le sentiment que nous n'aurons jamais ce que nous voulons, cela veut habituellement dire que notre système de croyances entretient le fait que nous ne le « méritons pas ». Croyez-vous vraiment que vous ne pouvez pas avoir ce que vous voulez ? Ces modèles de pensées ne doivent plus être vrais pour vous. Vous pouvez commencer à changer aujourd'hui.

Faites des listes comme celles-ci : ce que je crois à propos des hommes ; des femmes ; de l'amour ; du mariage ; de l'engagement ; de la fidélité ; de la confiance ; des enfants. Ces listes vous montreront les croyances négatives que vous devez changer. Vous pouvez être surpris par certains messages qui étaient cachés dans votre conscience. Débarrassez-vous-en et vous devriez être ravi de voir combien votre prochaine relation sera différente.

Il est intéressant de noter que de nombreux médiums rapportent que la majorité des gens qui viennent les voir leur posent au moins une de ces questions : Comment puis-je rencontrer quelqu'un ? Comment puis-je mettre fin à une relation ? Comment puis-je gagner plus d'argent ?

Si vous vivez une relation à laquelle vous voulez vraiment mettre un terme, utilisez cet outil tout-puissant : bénir avec amour. Affirmez : JE TE BÉNIS AVEC AMOUR. TU ES LIBRE ET JE SUIS LIBRE. Répétez-le souvent. Puis, soyez très clair au sujet de ce que vous *attendez* d'une relation. Faites une liste si vous en avez besoin. Entre-temps, travaillez sur l'amour de vous-même sans arrêt. Aimez et acceptez l'autre personne comme elle est. Alors que vous évoluerez et changerez intérieurement, vous constaterez qu'une des deux choses suivantes arrivera automatiquement. Votre partenaire se conformera à vos désirs ou il disparaîtra tout à fait. S'il quitte votre vie, la transition se fera en douceur. Commencez toujours par vous aimer et vous apprécier… tout le reste changera. Utilisez cette affirmation : JE DÉCOUVRE MAIN-

TENANT COMBIEN JE SUIS MERVEILLEUX. JE CHOISIS DE M'AIMER ET DE M'AMUSER.

Il est très important de faire le ménage dans nos anciennes relations pour s'engager dans une nouvelle. Si vous êtes toujours en train de parler de votre ex-conjoint ou d'y penser, vous n'êtes pas encore libéré et prêt à commencer une nouvelle relation. Parfois aussi, nous idéalisons notre ex-conjoint pour éviter de souffrir. Dans son livre, *Un retour à l'amour*, Marianne Williamson partage ses pensées en ce qui concerne nos choix. Elle dit que dans toutes les interactions, « nous nous approchons de l'amour ou nous nous éloignons de l'amour ». Idéalement, pour être pleinement vivants et heureux, nous voulons que nos choix nous rapprochent de l'amour.

Alors que vous travaillez à mettre fin aux obstacles qui s'élèvent entre vous et votre partenaire, exercez-vous à vous aimer. Occupez-vous de vous. Dites-vous combien vous êtes spécial. Dorlotez-vous. Prenez soin de vous avec de petites attentions. Achetez-vous des fleurs. Mettez des couleurs dans votre vie, des tissus et des parfums que vous aimez. La vie est toujours le reflet de ce que nous éprouvons. Alors que votre sentiment d'amour grandit, la personne qui est faite pour partager votre vie sera attirée vers vous comme un aimant. Plus important encore, vous ne devrez renoncer à aucune part de votre propre intimité pour être avec cette personne.

La fin d'une relation

La fin d'une relation est souvent douloureuse. Nous entrons dans la routine du « Je ne suis pas assez bien » et nous nous punissons nous-mêmes. Nous pensons que parce que l'autre personne ne veut plus de nous, il y a quelque chose qui cloche avec nous, et nous tombons souvent dans un profond désespoir. Il est faux de penser qu'il y a quelque chose qui cloche en nous. Toutes les relations sont des expériences enrichissantes. Nous partageons l'énergie et les expériences aussi longtemps que nous le pouvons. Nous apprenons ce que nous pouvons ensemble. Puis, vient le temps de la séparation. Ceci est normal et naturel.

Ne vous accrochez pas à une relation amoureuse alors qu'elle est terminée, simplement pour éviter de souffrir d'une séparation. Ne supportez pas la violence physique ou émotionnelle seulement pour être avec quelqu'un. Vous n'aurez jamais une vie satisfaisante si vous vous accrochez à de vieilles expériences. Quand nous nous permettons d'être traités sans respect, nous disons : « Je ne vaux pas la peine d'être aimé, alors je dois rester là et accepter ce comportement. Je ne peux pas supporter d'être seul (juste avec moi-même) et je sais que je ne trouverai jamais personne d'autre. » Ces affirmations négatives vous démolissent. À la place, écoutez les signes.

Quand une relation achève, la Vie vous offre une chance de vivre une nouvelle expérience. Cela peut être le moment d'une profonde gratitude, d'une reconnaissance des bons moments que vous avez eus ensemble, et celle de toutes ces expériences enrichissantes. Ensuite, vous pouvez mettre fin à cette relation avec amour et continuer d'avancer. C'est le moment de vous aimer avec tendresse et compréhension. Ce n'est pas la fin de votre monde ; c'est le début d'une nouvelle phase. Avec l'amour de vous-même, cette nouvelle étape de votre vie peut être encore plus merveilleuse que cette relation qui vient de se terminer.

AFFIRMATIONS POUR VOS RELATIONS INTERPERSONNELLES

JE SUIS ARRIVÉ ICI POUR APPRENDRE QU'IL N'Y A QUE DE L'AMOUR.
JE DÉCOUVRE COMBIEN JE SUIS MERVEILLEUX.
JE DÉCOUVRE COMBIEN JE SUIS MERVEILLEUX. JE CHOISIS DE M'AIMER ET DE M'AMUSER.
EN TANT QUE MAGNIFIQUE CRÉATION DE DIEU, JE SUIS INFINIMENT AIMÉ ET J'ACCEPTE MAINTENANT CET AMOUR.
JE SUIS OUVERT ET RÉCEPTIF À UNE RELATION AMOUREUSE MERVEILLEUSE.
EN PENSANT À L'AMOUR, AVEC DES PENSÉES POSITIVES, JE CRÉE UNE RELATION PLEINE D'AMOUR ET POSITIVE.
J'OUVRE MON CŒUR À L'AMOUR.
IL EST SAIN POUR MOI D'EXPRIMER L'AMOUR.
JE M'ENGAGE AVEC QUELQU'UN.
OÙ QUE JE SOIS, IL Y A DE LA JOIE ET DES RIRES.
JE ME RAPPROCHE DE MON CŒUR.
LES GENS M'AIMENT ET J'AIME LES GENS.
JE SUIS EN HARMONIE AVEC LA VIE.
J'AI TOUJOURS LE MÊME PARTENAIRE DANS MA VIE.
JE SUIS EN SÉCURITÉ AVEC MON AMOUR POUR MOI-MÊME.
J'ENTRETIENS UNE RELATION HARMONIEUSE AVEC LA VIE.

LA VIE M'AIME ET JE SUIS EN SÉCURITÉ

J'enveloppe tout le monde dans ma vie dans un cercle d'amour, peu importe que ce soit des hommes ou des femmes. J'y inclus mes amis, mes amoureux, mes collègues, et tous ceux qui font partie de mon passé. J'affirme que j'ai des relations merveilleuses et harmonieuses avec tout le monde, où il y a un respect mutuel et de l'attention des deux côtés. Je vis dans la dignité, la paix et la joie. J'étends mon cercle d'amour pour envelopper la planète entière et cet amour se décuple. En moi se trouve un amour inconditionnel et je l'exprime à tout le monde. Mon amour inconditionnel m'inclut, car je sais que je mérite d'être aimé. Je m'aime et je m'apprécie moi-même. Qu'il en soit ainsi !

Chapitre cinq

Aimez votre travail

« J'aime tout du travail que j'aime. »

Mes premiers emplois

La première fois que j'ai fugué, j'ai entendu parler d'un travail qui consistait à vendre des boissons dans une pharmacie. Je me souviens que le patron m'avait dit combien ce travail était difficile et qu'il y avait beaucoup de nettoyage à faire. Il m'a demandé si je pensais pouvoir y arriver. Bien sûr, j'ai dit oui, parce que je voulais vraiment ce travail. À la fin de la journée, je me souviens m'être dit : « Il pense que c'est un travail difficile ? Ce n'est rien comparé à ce que fais toute la journée à la maison. »

Ce travail a duré deux semaines, parce que mes parents m'ont retrouvée et qu'ils m'ont ramenée à la maison. Mon patron était désolé de me voir partir, car je travaillais très bien. Ensuite, quand je suis entrée sur le marché du travail, j'ai décidé d'aller plus loin dans la vie – de devenir serveuse dans un petit café que je connaissais. Il y avait d'autres serveuses et le premier jour, je devais laver la vaisselle au comptoir. J'étais si naïve et inexpérimentée que je croyais que les pourboires étaient pour moi et je les mettais dans ma poche. À la fin de la journée, les autres serveuses m'ont attrapée et ont exigé leur argent. J'étais très embarrassée. Ça n'était sûrement pas la bonne façon de commencer un emploi. Je ne l'ai d'ailleurs pas gardé longtemps.

À ce moment de ma vie, je n'avais aucune classe. Je ne savais pas comment me comporter en société. Ma première expérience dans le petit restaurant m'avait tellement gênée que je suis sortie en courant comme une furie. À la maison, j'avais appris à travailler dur, mais je ne savais rien du monde extérieur.

Avec mon ignorance et mon manque d'estime personnelle, j'ai eu de nombreux emplois sous-payés. J'ai travaillé dans des magasins, dans des supermarchés et dans des entrepôts. Mon rêve était de devenir une star de cinéma ou une danseuse, mais je n'avais aucune idée de la façon d'y arriver. Chacun de mes emplois m'éloignait de ce rêve. J'avais si peu d'éducation que même un emploi de secrétaire n'était pas pour moi.

Puis, un jour, la Vie prit un tournant intéressant ; j'étais tout simplement prête. J'ai obtenu un emploi à Chicago qui me donnait 28 $ par semaine. Pourquoi je suis entrée dans les studios de danse d'Arthur Murray, je ne m'en souviens pas. Mais je l'ai fait, et je me suis inscrite pour 500 $ de leçons de danse. Quand je suis rentrée chez moi le soir, je ne pouvais pas croire ce que j'avais fait. J'étais terrifiée. Le lendemain, après le travail, je suis retournée au studio et j'ai avoué que je n'avais pas d'argent. Ils ont dit : « Oh, mais vous avez signé un contrat et vous devez nous payer. Toutefois, nous avons un poste de réceptionniste. Pensez-vous que vous pourrez le faire ? »

L'emploi payait 10 dollars de plus la semaine que ce que je faisais. C'était un grand studio, avec une quarantaine de professeurs. On travaillait de 10 heures à 22 heures et on prenait tous nos repas ensemble. En deux jours, j'ai découvert que j'étais capable de payer mes cours, de garder un peu d'argent et de travailler tout en dansant. J'avais une vie sociale épanouie et je n'ai jamais eu autant de plaisir dans un emploi. Ma vie prenait un nouvel envol.

Après mon emploi chez Arthur Murray, je suis allée à New York et je suis devenue mannequin. Mais je n'ai jamais vraiment été consciente de ma valeur, jusqu'à ce que je travaille sur moi pour éliminer les anciennes croyances négatives de mon enfance. Au début, je ne savais pas comment changer ma situation. Maintenant, je sais qu'il faut d'abord travailler sur soi. Peu importe combien nous semblons coincés, il est toujours possible de faire des changements positifs.

Bénissez votre travail avec amour

Peut-être occupez-vous un emploi dans lequel vous vous sentez coincé, ou que vous détestez, ou peut-être qu'il ne sert qu'à ramener une paye à la maison. Et bien, il y a assurément des choses que vous pouvez faire pour amener des changements positifs. Ces idées peuvent sembler bêtes ou simplistes, mais je sais qu'elles fonctionnent. J'ai vu de nombreuses personnes changer leur situation professionnelle pour le mieux.

L'outil le plus puissant qui peut transformer une situation, c'est le pouvoir de *bénir avec amour*. Peu importe où vous travaillez ou comment vous vous sentez dans un emploi, BÉNISSEZ-LE AVEC AMOUR ! Je veux dire littéralement, dites : « JE BÉNIS MON TRAVAIL AVEC AMOUR. »

Ne vous arrêtez pas là. Bénissez avec amour l'immeuble, l'équipe dans l'immeuble, votre bureau si vous en avez un, le comptoir si vous y travaillez, les nombreuses machines que vous utilisez, les clients, les gens avec qui vous travaillez et les gens pour qui vous travaillez, et tout ce qui est relié à votre travail. Ça fonctionnera merveilleusement bien.

S'il y a quelqu'un au travail qui vous ennuie, utilisez votre esprit pour changer la situation. Utilisez l'affirmation : J'AI DE TRÈS BONS RAPPORTS AVEC TOUT LE MONDE DANS MON MILIEU DE TRAVAIL, Y COMPRIS (...) Chaque fois que cette personne vous viendra à l'esprit, répétez cette affirmation. Vous serez surpris des changements qui apparaîtront. Il y a toujours une solution, même si ça peut paraître impossible sur le moment. Parlez et laissez l'Univers trouver comment changer les choses.

Si vous voulez un nouveau travail, alors en plus de bénir votre présent emploi avec amour, ajoutez l'affirmation : JE LAISSE CET EMPLOI AVEC AMOUR À UNE AUTRE PERSONNE, QUI SERA HEUREUSE DE TRAVAILLER ICI. Ce travail a été idéal pour vous au moment où vous l'avez trouvé. Il correspondait parfaitement à ce que vous pensiez valoir à ce moment-là. Maintenant, vous avez évolué et vous avancez vers de meilleures choses. Votre affirmation est : JE SAIS QU'IL Y A DES GENS QUI RECHERCHENT EXACTEMENT CE QUE J'AI À OFFRIR. J'ACCEPTE MAINTENANT UN EMPLOI QUI UTILISE TOUS MES

TALENTS CRÉATIFS. CET EMPLOI EST TRÈS SATISFAISANT ET C'EST UNE JOIE POUR MOI D'ALLER TRAVAILLER CHAQUE JOUR. JE TRAVAILLE AVEC ET POUR DES GENS QUI M'APPRÉCIENT. MON LIEU DE TRAVAIL EST BIEN SITUÉ, BIEN ÉCLAIRÉ, BIEN AÉRÉ ET RESPIRE L'ENTHOUSIASME. JE GAGNE BIEN MA VIE ET J'EN SUIS TRÈS RECONNAISSANT.

Si vous détestez votre travail, vous garderez ce sentiment de haine en vous. Même si vous trouvez un nouvel emploi, vous le détesterez rapidement aussi. Peu importe les sentiments que vous avez en vous maintenant, vous les amènerez avec vous dans votre prochain emploi. Si vous êtes mécontent de votre situation, vous le serez partout où vous irez. Vous devez changer votre conscience maintenant si vous voulez voir des changements positifs dans votre vie. Puis, quand vous commencerez un nouveau travail, vous l'apprécierez et en serez heureux.

Donc, si vous détestez votre travail, votre affirmation doit être : J'AIME TOUJOURS OÙ JE TRAVAILLE. J'OCCUPE LE MEILLEUR EMPLOI. JE L'AIMERAI TOUJOURS. En affirmant cela sans cesse, vous vous créez une nouvelle loi personnelle. L'Univers devra y répondre. La Vie trouvera toujours le bon moyen de vous amener vers ce qu'il y a de bon pour vous, si vous le lui permettez.

Faites ce que vous aimez

Si vous avez été élevé avec la croyance que vous devez « travailler dur » pour gagner votre vie, c'est le moment de vous en débarrasser. Utilisez l'affirmation : TRAVAILLER EST FACILE ET DRÔLE POUR MOI, ou : J'AIME TOUT DE MON TRAVAIL. Continuez à répéter cette affirmation jusqu'à ce que votre conscience change. Faites ce que vous aimez et l'argent viendra. Vous avez le droit d'aimer gagner de l'argent. Votre responsabilité dans la Vie est de participer à des activités que vous aimez. Alors que vous trouvez le moyen de faire ce que vous aimez, la Vie vous montrera la voie de la prospérité et de l'abondance. Notre guide intérieur ne nous offre jamais de « pourrait ». Le but de la vie est de s'amuser. Quand le travail devient un jeu, c'est drôle et satisfaisant. Les attitudes négatives à propos du travail créent des toxines dans le corps.

Si vous avez été renvoyé, surtout ne soyez pas amer, car l'amertume ne mène à rien de bon dans la vie. Affirmez souvent : JE BÉNIS MON ANCIEN PATRON AVEC AMOUR. SEUL LE MEILLEUR SE PRODUIRA. J'AVANCE MAINTENANT VERS CE QU'IL Y A DE MIEUX. JE SUIS EN SÉCURITÉ ET TOUT VA BIEN. Puis, utilisez cette affirmation pour créer un nouvel emploi.

Ce n'est pas ce qui nous arrive qui compte, mais ce que nous en faisons. Si la Vie vous offre des citrons, faites-en de la limonade. Si les citrons sont pourris, plantez les graines pour qu'elles deviennent de nouveaux citrons. Ou bien, faites de l'engrais en les compostant.

Parfois, quand nous sommes près de réaliser nos rêves, nous sommes si effrayés d'avoir ce que nous voulons que nous commençons à nous saboter nous-mêmes. Aussi étrange que ça puisse paraître, nous le faisons, à tort, pour nous protéger. Changer drastiquement, obtenir l'emploi idéal, bien gagner sa vie, tout ça peut être effrayant. Que va-t-il se passer si j'échoue ? Et si les gens ne m'aiment pas ? Et si je ne suis pas heureux ?

Ces questions représentent la partie de vous qui a peur de réaliser ses rêves. Souvent, notre enfant intérieur est la clé de nos craintes. C'est le moment de s'aimer, d'être patient et doux avec soi. Rassurez votre enfant intérieur et faites qu'il se sente en sécurité. Un livre merveilleux peut vous aider à accéder à vos peurs et à vos sentiments intérieurs. Il s'agit de *Recovery of your Inner Child,* de Lucia Capaccione. Ce livre présente des techniques quotidiennes pour favoriser la guérison et la satisfaction. Rappelez-vous de dire souvent : JE SUIS EN SÉCURITÉ DANS L'UNIVERS ET TOUTE LA VIE M'AIME ET ME SOUTIENT.

Vos pensées peuvent vous aider à créer l'emploi parfait

Ne restez pas enfermé dans la croyance qu'il est difficile d'obtenir un emploi. C'est peut-être vrai pour certains, mais ça ne doit pas l'être pour vous. Vous avez seulement besoin d'un travail. Votre conscience éveillée vous ouvrira la voie. Trop de gens font trop confiance à leur peur. Quand il y a une crise économique, elle s'insère dans tous les aspects de la vie des gens, qui en parlent et y pensent constamment. Ce à quoi vous pensez sans cesse et ce que vous acceptez dans votre conscience devient vrai pour vous.

Quand vous entendez des choses négatives concernant les affaires ou l'économie, affirmez immédiatement : C'EST PEUT-ÊTRE VRAI POUR CERTAINS, MAIS ÇA NE L'EST PAS POUR MOI. JE PROSPÈRE TOUJOURS, PEU IMPORTE OÙ JE ME TROUVE ET CE QUI SE PASSE. Tandis que vous pensez et parlez, vous créez vos futures expériences. Faites très attention à la façon dont vous parlez de votre prospérité. Vous avez toujours la possibilité de choisir de penser à la pauvreté ou à la prospérité. Pendant au moins la prochaine semaine, notez comment vous parlez de l'argent, du travail, de la carrière, de l'économie, de l'épargne et de la retraite. Écoutez-vous. Soyez sûr que vos mots ne créent pas la pauvreté pour maintenant ou pour l'avenir.

La malhonnêteté sous toutes ses formes peut aussi contribuer aux pensées sur la pauvreté. Beaucoup de gens pensent qu'il est normal et naturel d'amener chez eux des trombones et d'autres fournitures de leur bureau ou de n'importe quel endroit où ils travaillent. Ils oublient ou ne sont pas conscients que tout ce que vous PRENEZ de la Vie, la Vie vous le PRENDRA. Voler même de petites choses révèle à la Vie que vous ne pouvez pas vous les payer et vous maintient dans ces limites.

Quand vous prenez à la Vie, la Vie vous en prend toujours plus. Vous pouvez prendre des trombones et rater un appel important. Vous pouvez prendre de l'argent et rater une rencontre. La dernière fois que j'ai sciemment pris quelque chose (en 1976), c'était un timbre, et un chèque de 300 $ que j'attendais par la poste s'est perdu. Cette leçon m'a coûté cher, mais ça elle en a valu la peine. Donc, si l'argent est un gros problème pour vous, regardez où vous auriez pu en interrompre le flux. Si vous avez pris des choses au travail, ramenez-les. Vous ne prospérerez jamais sans ça.

La Vie nous fournit tout ce qui est nécessaire. Quand nous acceptons ce concept et l'incorporons dans notre système de croyances, nous visons une plus grande prospérité et une plus grande abondance dans nos vies.

Peut-être pensez-vous à créer votre propre entreprise ; vous aimez l'idée d'être votre propre patron et de récolter tous les profits. C'est bien, si vous avez le bon tempérament. Mais ne quittez pas votre emploi et ne vous mettez pas à votre compte avant d'avoir exploré tout ce que cela implique. Pouvez-vous vous motiver à travailler, si personne ne vous y oblige ? Êtes-vous prêt à travailler de 10 à 12 heures par jour la première année ? Une nouvelle entreprise nécessite du dévouement, jusqu'à ce que vous fassiez suffisamment de profits pour engager du personnel. J'ai travaillé 10 heures par jour, sept jours sur sept, pendant longtemps.

Je suggère toujours de commencer une nouvelle entreprise à temps partiel. Travaillez sur ce projet après vos heures normales de travail et les fins de semaine, jusqu'à ce que vous soyez sûr que c'est bien ce que vous voulez faire. Soyez sûr que votre entreprise sera assez rentable pour survivre le temps de pouvoir vous verser un salaire. J'ai commencé ma maison d'édition avec un livre et une cassette. Je travaillais dans ma chambre, avec l'aide de ma mère de 90 ans. Nous expédiions les livres et les cassettes la nuit. Il m'a fallu deux ans avant de faire assez d'argent pour engager un assistant. C'était un bon à-côté, mais ça a été long avant que Hay House devienne une vraie entreprise.

Alors, quand vous ressentez l'envie de partir en affaires, utilisez l'affirmation : SI CETTE ENTREPRISE DOIT ME RENDRE PLUS HEUREUX, ALORS LAISSEZ-LA SE DÉVELOPPER FACILEMENT ET SANS EFFORTS. Prêtez attention aux signes autour de vous. Si des retards ou des obstacles se présentent, sachez que ce n'est pas le moment pour vous de poursuivre. Si les choses se passent facilement, alors foncez, d'abord à temps partiel. Vous pouvez toujours travailler davantage, mais il est parfois difficile de prendre sa retraite.

Si vous êtes intéressé par la direction, les collaborateurs, les clients, le lieu de travail, la bâtisse, ou n'importe quel aspect de votre nouvelle entreprise, souvenez-vous que vous êtes le seul qui peut créer ses propres lois pour mener à bien sa carrière.

Rappelez-vous : *vous* décidez ce que vous voulez que soit votre vie professionnelle. Créez des affirmations positives pour y parvenir. Déclarez ces affirmations souvent. Vous POUVEZ avoir la vie professionnelle que vous voulez.

AFFIRMATIONS POUR AMÉLIORER VOTRE VIE PROFESSIONNELLE

JE TRAVAILLE TOUJOURS POUR DES GENS QUI ME RESPECTENT ET ME PAIENT BIEN.

J'AI TOUJOURS DES PATRONS FANTASTIQUES.

JE TRAVAILLE AVEC TOUS MES COLLABORATEURS DANS UNE ATMOSPHÈRE DE RESPECT MUTUEL.

TOUT LE MONDE AU TRAVAIL M'AIME.

J'ATTIRE TOUJOURS LES PLUS GENTILS CLIENTS ET C'EST UN VRAI BONHEUR DE LES SERVIR.

MON LIEU DE TRAVAIL EST PARFAIT.

J'AIME LA BEAUTÉ QUI M'ENTOURE AU TRAVAIL.

C'EST UN PLAISIR D'ALLER TRAVAILLER ; J'AIME AVOIR UN BON ENTOURAGE ET ME SENTIR EN SÉCURITÉ.

JE N'AI AUCUNE DIFFICULTÉ À TROUVER DU TRAVAIL.

LE TRAVAIL VIENT TOUJOURS À MA RENCONTRE QUAND JE LE VEUX.

JE DONNE MON CENT POUR CENT AU TRAVAIL ET C'EST GRANDEMENT APPRÉCIÉ.

J'AI FACILEMENT DES PROMOTIONS.

MON REVENU AUGMENTE TOUJOURS.

MON ENTREPRISE PROSPÈRE AU-DELÀ DE MES ESPÉRANCES.

J'ATTIRE PLUS DE CONTRATS QUE JE NE PEUX EN PRENDRE.

IL Y A DE TOUT POUR TOUT LE MONDE, Y COMPRIS POUR MOI.

MON TRAVAIL EST ENTIÈREMENT SATISFAISANT.

JE SUIS HEUREUX AU TRAVAIL.

J'AI UNE GRANDE CARRIÈRE.

JE SUIS EN SÉCURITÉ DANS LE MONDE DES AFFAIRES

Je sais que les pensées dans mon esprit ont quelque chose à voir avec mes conditions de travail, alors je les choisis consciemment. Elles m'aident et sont positives. Je choisis de penser à la prospérité ; donc je suis prospère. Je choisis de penser à l'harmonie ; donc je travaille dans une atmosphère harmonieuse. J'aime me lever le matin en sachant que j'ai un important travail à faire. J'ai un travail stimulant, qui est entièrement satisfaisant. Mon cœur rayonne avec fierté quand je pense au travail que je fais. Je suis TOUJOURS utile, toujours productif. La Vie est belle ! Qu'il en soit ainsi !

Chapitre six

LE CORPS... LE MENTAL... L'ESPRIT !

« Je progresse sur le plan spirituel au rythme qui me convient. »

Ayez confiance en votre sagesse intérieure

Au centre de votre être, il y a un amour infini, une joie infinie, une paix infinie et une sagesse infinie. Ceci est vrai pour chacun d'entre nous. Alors, combien de fois nous sommes-nous mis en contact avec ces trésors qui sont en nous ? Le faisons-nous une fois par jour ? À l'occasion ? Ou sommes-nous totalement inconscients que nous avons ces trésors intérieurs ?

Pendant un instant, fermez les yeux et connectez-vous avec cette partie de vous. Il ne faut qu'une respiration pour aller vers votre centre. Allez vers cet amour infini qui est en vous. Sentez l'amour. Laissez-le croître et se répandre. Allez vers cette joie infinie qui est en vous. Sentez la joie. Laissez-la croître et se répandre. À présent, allez vers cette paix infinie en vous. Sentez cette paix. Laissez-la croître et se répandre. Maintenant, allez vers cette sagesse infinie en vous, la partie de vous qui est totalement connectée à toute la sagesse de l'univers — passée, présente et future. Ayez confiance en cette sagesse. Laissez-la croître et se répandre. Alors que vous prenez une autre respiration et que vous revenez dans votre espace, gardez la connaissance, gardez le sentiment. Plusieurs fois aujourd'hui, plusieurs fois demain et chaque jour de votre vie, rappelez-vous les trésors qui sont toujours en vous — et prenez une respiration.

Ces trésors font partie de votre connexion spirituelle et sont vitaux pour votre bien-être. Le corps, le mental et l'esprit — nous avons besoin d'être équilibrés à tous les niveaux. Un corps en bonne santé, un mental heureux et une bonne connexion spirituelle sont tous nécessaires pour votre équilibre global et votre harmonie.

Un des plus grands bénéfices d'une bonne connexion spirituelle, c'est que nous pouvons vivre une vie merveilleuse, créative et satisfaisante. Nous nous enlevons ainsi, automatiquement, beaucoup des fardeaux que la plupart des gens portent.

Nous n'aurons plus besoin d'avoir peur ou honte ou de nous sentir coupables. Comme nous ressentons notre unité avec toute la vie, nous abandonnons la colère et la haine, de même que le besoin de porter des jugements. Alors que nous faisons un avec le pouvoir de guérison de l'Univers, nous n'avons plus besoin d'être malades. De plus, je crois que nous sommes capables de renverser le processus du vieillissement. Les fardeaux sont ce qui nous fait vieillir ; ils affaiblissent notre esprit.

Nous pouvons changer le monde

Si chacun d'entre nous, qui lisons ce livre, nous connectons avec les trésors qui sont en nous sur une base quotidienne, nous pouvons littéralement changer le monde. Les gens qui vivent la vérité changent le monde. En effet, la vérité de notre être est ce qui nous remplit d'amour inconditionnel. Nous sommes pleins d'une joie incroyable. Nous sommes pleins de paix. Nous sommes connectés à la sagesse infinie.

Ce que nous devons faire, c'est le savoir et le vivre ! Aujourd'hui, nous sommes mentalement préparés pour demain. Les pensées que nous avons, les mots que nous disons et les croyances que nous acceptons déterminent nos lendemains. Chaque matin, regardez-vous dans un miroir et affirmez : JE SUIS REMPLI D'UN AMOUR INCONDITIONNEL ET JE L'EXPRIME AUJOURD'HUI. JE SUIS REMPLI DE JOIE ET JE L'EXPRIME AUJOURD'HUI. JE SUIS REMPLI DE PAIX ET JE LA PARTAGE AUJOURD'HUI. JE SUIS REMPLI D'UNE SAGESSE INFINIE ET JE LA METS EN PRATIQUE AUJOURD'HUI. CECI EST LA VÉRITÉ À MON SUJET. Voilà une excellente façon de commencer votre journée ! Vous pouvez le faire.

Rappelez-vous que notre connexion spirituelle n'a pas besoin d'intermédiaire, que ce soit une église, un gourou, ou encore une religion. Nous pouvons prier et méditer assez facilement par nous-mêmes. Les églises, les gourous et les religions sont parfaits, s'ils aident les individus. Pourtant, il est important que nous sachions que nous avons tous un lien direct avec la source de tout ce qui est la vie. Quand nous nous connectons consciemment à cette source, notre vie s'écoule en jours heureux.

Donc, comment avons-nous été connectés ou nous reconnectons-nous ? Nous avons en effet tous été connectés dès notre naissance. Alors, peut-être que nos parents ont perdu leur propre connexion et nous ont appris que nous sommes seuls et perdus dans la vie. Peut-être que les parents de nos parents ont choisi une religion qui donnait le pouvoir au sacerdoce et non aux gens. Il existe de nombreuses religions qui nous disent : « Nous sommes nés pécheurs et inférieurs. » Il y a aussi des religions qui dénigrent les femmes et/ou certaines classes ou groupes de gens. Ce sont quelques concepts qui nous font oublier ce que nous sommes vraiment : des expressions divines et magnifiques de la Vie.

Pourtant, nos âmes sont toujours à la recherche d'une plus grande élévation et de plus d'intégration, afin de guérir et d'exprimer tout ce que nous sommes. Parfois, il est très difficile de comprendre les méthodes que nos âmes utilisent pour favoriser notre croissance. Notre personnalité, la partie de nous avec laquelle nous avons affaire sur terre, a certaines attentes et certains besoins. Nous avons peur, nous résistons et, parfois, nous sommes en colère quand nos attentes, comme une promotion, ne se réalisent pas immédiatement. C'est dans ces moments-là, plus que n'importe quels autres, que nous devons croire qu'il y a un pouvoir supérieur œuvrant dans nos vies, et que si nous sommes ouverts et prêts à évoluer et à changer, ces choses se réaliseront pour notre plus grand bonheur.

Souvent, nos moments les plus douloureux, quand nos personnalités s'étirent le plus, sont les moments qui nous fournissent la plus grande occasion de croître. Ceci devient une occasion pour vous de développer un plus grand amour-propre et une plus grande confiance en vous. Cela peut vous réconforter, ou non, de savoir que beaucoup de gens vivent des revers dans leur vie. Nous en sommes au stade d'une évolution accélérée sur cette planète. Maintenant, plus que jamais, c'est le moment de vous aimer énormément et d'être extrêmement patient avec vous-même. Ne résistez pas à l'occasion d'évoluer. Dans les moments difficiles, il est important d'être reconnaissant et de bénir autant que vous le pouvez.

La douleur est toujours une résistance de notre personnalité face à cette nouvelle évolution. Nous sommes tous très résistants au changement, car nous n'avons pas vraiment confiance, en fin de compte, que la Vie travaille très bien, et que nous sommes exactement ce que nous devons être pour croître et évoluer à notre plein potentiel, comme un être merveilleux dans un univers magnifique. Nous sommes toujours en cours d'évolution positive.

Les événements que nous vivons sont seulement des expériences. Nos expériences ne sont pas notre identité ou notre valeur personnelle. Nous ne devons pas concentrer notre attention sur l'expérience. Par exemple, nous ne devons pas dire : « Je suis un échec », mais plutôt : « J'ai vécu une expérience d'échec et je suis maintenant en train d'y remédier. » Croître revient simplement à changer notre façon de voir les choses.

La vie est un processus d'apprentissage. Nous sommes ici pour apprendre et évoluer. Ne pas savoir n'est pas un crime. Ne pas savoir est seulement l'ignorance ou le manque de compréhension. Donc, nous ne devons pas nous juger ou juger les autres parce que nous ne savons pas. La vie sera toujours plus grande que notre capacité à la connaître. Nous sommes tous dans un processus d'apprentissage, de croissance et de meilleure compréhension. Pourtant, nous ne « saurons jamais tout ».

Être calme et aller vers l'intérieur nous aide à trouver les réponses dont nous avons besoin dans nos vies. Quand nous demandons de l'aide ou que nous appelons à l'aide, c'est notre moi intérieur qui répond.

Se connecter par la méditation

Entrer en contact avec les trésors qui sont en vous est l'une des façons de se connecter avec la source de la Vie. La réponse à toutes les questions que vous pouvez vous poser se trouve en vous. La sagesse passée, présente et à venir est disponible pour vous. La source de la Vie sait tout. Certaines personnes appellent ce processus de connexion *méditation*.

La méditation est un processus qui est très simple, et pourtant, il y a beaucoup de confusion à son sujet. Certains ont peur de méditer, car ils pensent que c'est bizarre ou que ça a quelque chose à voir avec l'occulte. Nous avons souvent peur de ce que nous ne comprenons pas. D'autres disent ne pas pouvoir méditer, car ils sont toujours en train de penser. Et bien, c'est dans la nature de l'esprit de penser. Vous devez donc l'éteindre complètement. Méditer régulièrement vous aidera à le détendre. La méditation est un moyen de contourner les bavardages de l'esprit, pour atteindre des niveaux plus profonds et se connecter avec la sagesse intérieure.

Nous méritons de prendre le temps, chaque jour, d'entrer en contact avec notre voix intérieure, pour entendre les réponses qui viennent de notre maître intérieur. Si nous ne le faisons pas, nous fonctionnons seulement avec 5 ou 10 % de ce qui est disponible pour nous.

Il existe de nombreuses méthodes pour apprendre à méditer. Il y a toutes sortes de cours ou de livres. Cela peut être aussi simple que s'asseoir en silence, les yeux fermés, pendant une courte période. Vous pouvez suivre les étapes suivantes si vous commencez tout juste à méditer :

- Asseyez-vous. Fermez les yeux, prenez une profonde respiration, détendez votre corps, puis concentrez-vous sur votre respiration. Faites attention à votre façon de respirer. N'essayez pas de respirer d'une manière particulière. Soyez juste conscient de la façon dont vous respirez. Vous remarquerez qu'après quelques minutes, vous respirez plus lentement. C'est normal et naturel, car votre corps se détend.
- Ça aide souvent de compter pendant que vous respirez. Un pour l'inspiration, deux pour l'expiration. Trois pour l'inspiration, quatre pour l'expiration. Continuez ainsi jusqu'à 10. Puis, recommencez à zéro. Après l'avoir fait quelque temps, vous votre esprit peut se mettre à vagabonder vers une partie de football ou vers votre liste d'épicerie. C'est correct. Quand vous remarquez que vous ne comptez plus, recommencez simplement une nouvelle fois et continuez à compter. Le vagabondage de votre esprit se produira plusieurs fois. Chaque fois, ramenez-le doucement vers la simple routine du comptage. C'est tout ce que vous avez à faire.

Cette forme simple de méditation calme l'esprit et le corps, et aide à créer la connexion avec la sagesse intérieure. Les bénéfices de la méditation sont cumulatifs. Plus vous méditez souvent, plus vous continuerez à méditer longtemps, et mieux ce sera. Vous vous sentirez plus en paix durant la journée, dans votre quotidien. Et si une crise survient, vous serez capable de la régler avec quiétude.

Je suggère souvent que les gens commencent par s'asseoir, respirer, compter ou n'importe quelle autre forme de méditation pendant seulement cinq minutes. Faites-le une fois par jour pendant une semaine ou deux. Puis, vous pourrez passer à cinq minutes deux fois par jour, d'abord le matin, puis tôt le soir. Peut-être que vous essaierez de méditer juste après le travail, ou quand vous rentrerez à la maison le soir. Le corps et l'esprit aiment la routine. Si vous pouvez vous organiser pour méditer à peu près aux mêmes moments chaque jour, les avantages augmenteront.

N'espérez pas que beaucoup de choses se produisent le premier mois. Continuez simplement à méditer. Votre esprit et votre corps doivent s'ajuster à ce nouveau rythme, à cette nouvelle sensation de paix. Si vous trouvez difficile de rester assis immobile au début, et si vous trouvez que vous jetez sans cesse un regard sur votre montre, utilisez une minuterie. Après quelques jours, votre corps se sera ajusté à la période de temps et vous pourrez vous passer de la minuterie.

Soyez doux avec vous-même quand vous apprenez la méditation. Peu importe ce que vous faites, VOUS NE FAITES RIEN DE MAL. Vous apprenez une nouvelle technique. Ça deviendra de plus en plus facile. Dans une période relativement courte, votre corps attendra avec impatience les moments de méditation.

La durée idéale pour méditer est de 20 minutes le matin et 20 minutes en fin de journée, tous les jours. Ne vous découragez pas si vous accordez moins de temps à la méditation. Faites ce que vous pouvez. Cinq minutes CHAQUE JOUR, c'est mieux que 20 minutes par semaine.

Beaucoup de gens utilisent un mantra. Ce peut être un mot sanskrit comme *om* ou *hu*, ou un mot calmant comme *amour* ou *paix*, ou les deux. Au lieu de compter vos respirations, vous pouvez utiliser le mantra ou le mot pendant l'inspiration ou l'expiration. Vous pouvez choisir deux ou trois mots pour votre mantra, comme « je suis », « Dieu est », « je suis amour » ou « tout est bien ». Utilisez un ou deux mots pour l'inspiration et un autre pour l'expiration. Harold Benson, l'auteur de *The Relaxation Response*, révèle que des gens utilisent le mot « unicité » pour méditer, ce qui donne aussi d'excellents résultats.

Comme vous le voyez, le mot ou la méthode ne sont pas importants. Le calme et la répétition de la respiration le sont.

Une forme populaire de répétition est la MT, la Méditation Transcendantale. La MT offre un programme qui vous donne un mantra simple à utiliser et des cours pour vous guider. Toutefois, ces cours sont devenus plutôt chers. Si vous voulez dépenser de l'argent, c'est très bien, mais sachez que vous pouvez aussi obtenir de bons résultats par vous-même.

De nombreux cours de yoga commencent et finissent avec une courte méditation. Ces cours sont habituellement peu chers et vous pouvez apprendre une série d'exercices d'étirements qui seront très bénéfiques à votre corps. Si vous visitez votre magasin d'alimentation diététique local ou votre centre communautaire, je suis sûre que vous trouverez plusd'un cours de méditation ou de yoga sur leur tableau d'affichage.

Les Sciences de la Religion ou les Églises de l'Unité donnent souvent des cours de méditation. Les clubs de l'âge d'or et même certains hôpitaux offrent des cours de méditation. Si vous allez dans les bibliothèques ou les librairies, vous trouverez de nombreux livres sur la méditation, certains étant plus faciles à comprendre que d'autres.

Les programmes de santé comme le « Healthy Heart » du docteur Dean Ornish et le « Body, Mind & Spirit » du docteur Deepak Chopra incluent aussi la méditation comme une partie importante du processus de bien-être.

Mais peu importe où et comment vous apprendrez la méditation, peu importe la méthode avec laquelle vous commencerez, vous finirez par développer votre propre forme de méditation. Votre sagesse intérieure et votre intelligence modifieront subtilement votre façon de faire jusqu'à ce qu'elle soit parfaite pour vous.

En ce qui me concerne, j'ai commencé à méditer il y a plusieurs années, en utilisant un mantra. Comme j'étais tendue et effrayée à l'époque, chaque fois que je méditais, j'avais mal à la tête. Ça a duré trois semaines. Quand mon corps et mon esprit se sont détendus, peut-être pour la première fois de ma vie, les maux de tête ont cessé. J'ai beaucoup médité depuis et j'ai suivi de nombreux cours. Ils m'ont tous permis de découvrir des façons légèrement différentes de méditer. Toutes les méthodes ont leurs avantages, bien qu'elles ne vous conviennent pas toutes.

Comme pour n'importe quoi d'autre dans la vie, trouverez la méthode de méditation qui marche le mieux pour vous. Vous pouvez choisir de changer de méthode au fil des années. Et je suis sûre que vous le ferez.

Souvenez-vous que la méditation est simplement un moyen d'entrer en contact avec votre propre guide intérieur. En restant connectés à ce guide toute la journée, il est plus facile pour nous de nous connecter consciemment, quand nous sommes assis dans le calme, et d'écouter.

Comment je médite

Ma routine personnelle change de temps en temps. Ces temps-ci, je médite toujours le matin ; c'est le meilleur moyen pour moi de bien commencer ma journée. Je médite aussi souvent l'après-midi, mais pas toujours. Je fais habituellement ma méditation matinale assise sur mon lit. Je ferme les yeux et je prends une ou deux respirations conscientes. Puis, je dis en silence : « Qu'est-ce que j'ai besoin de savoir ? », ou : « Voilà une belle journée qui commence. » Puis, j'accède au silence et je suis, tout simplement. Parfois, je fais attention à ma respiration, parfois non. Parfois, je fais attention à mes pensées, et quand je le fais, je ne fais que les observer. Je pourrais les reconnaître : « Oh, c'est une pensée inquiétante, ou c'est une pensée sur les affaires, ou c'est une pensée sur l'amour. » Mais je les laisse passer.

Après 20 ou 30 minutes, quand je sais intuitivement que c'est la fin, je prends une profonde respiration. Puis, je fais une sorte de prière, que je dis à haute voix. Ce peut être ainsi :

« Il y a un pouvoir infini, unique, dans l'Univers et ce pouvoir est juste où je suis. Je ne suis pas perdue, ni seule, ni abandonnée, ni impuissante. Je fais un avec le Pouvoir qui m'a créée. S'il y a une croyance en moi qui renie la vérité, alors je l'efface ici et immédiatement. Je sais que je suis l'Expression Divine et Magnifique de la Vie. Je fais un avec la Sagesse, l'Amour et la Créativité Infinis. Je suis l'exemple même de la bonne santé et de l'énergie. J'aime et je suis aimée. Je suis en paix. Ce jour est l'expression magnifique de la Vie. Chacune de mes expériences est joie et amour. Je bénis avec un Amour Divin mon corps, mes animaux, ma maison, mon travail et chacune des personnes que je rencontrerai aujourd'hui. C'est une belle journée et je m'en réjouis ! Qu'il en soit ainsi ! »

Puis j'ouvre les yeux, je me lève et je suis heureuse de la journée qui m'attend !

AFFIRMATIONS SPIRITUELLES

(Peut-être que vous n'avez pas encore appris à vous sentir connecté. Eh bien, les affirmations suivantes peuvent vous aider. Vous pouvez dire toutes les phrases chaque jour ou en choisir juste une ou deux, jusqu'à ce que vous développiez la paix et la connaissance intérieure qui sont en vous.)

J'AI UNE CONNEXION SPIRITUELLE SOLIDE.
JE RESSENS MON UNITÉ AVEC TOUTE LA VIE.
JE CROIS EN L'AMOUR DE DIEU.
LA VIE M'AIDE À CHAQUE OCCASION.
JE FAIS CONFIANCE À LA VIE D'ÊTRE LÀ POUR MOI.
LE POUVOIR QUI A CRÉÉ LE MONDE FAIT BATTRE MON CŒUR.
JE SUIS GUIDÉ PAR LE DIVIN À TOUT INSTANT.
J'AI UN ANGE GARDIEN PARTICULIER.
JE SUIS PROTÉGÉ PAR LE DIVIN EN TOUT TEMPS.
LA VIE/DIEU M'AIME.
JE SUIS EN SÉCURITÉ PARTOUT.

La Vie m'aide chaque fois que j'en ai besoin.
La Vie me nourrit.
La Vie marche à mes côtés,
me guide à tout moment de la journée.
Toutes les choses que je suis, que je peux faire et être,
sont dues au fait que la Vie m'aime.

Chapitre sept

Les aînés d'excellence

« Quel âge auriez-vous si vous ne connaissiez pas votre âge ? »
Dr Wayne W. Dyer

Mes croyances à propos de l'âge

Pendant des générations, nous avons associé un nombre à notre âge, pour nous dire comment nous sentir et comment nous comporter. Comme pour tout dans la vie, ce que nous acceptons mentalement et ce que nous croyons nous apparaît comme vrai. Eh bien, il est temps de changer nos croyances sur l'âge. Quand je regarde autour de moi et que je vois des gens âgés frêles et effrayés, je me dis : « Ça ne devrait pas être comme ça. » Nous avons appris, pour la plupart, qu'en changeant notre façon de penser, nous pouvons changer nos vies. Donc, je sais que nous pouvons faire de l'âge une expérience positive, enrichissante et rester en bonne santé.

J'ai maintenant 77 ans et je suis une femme forte et en pleine forme. De beaucoup de façons, je me sens plus jeune que je ne l'étais à 30 ou 40 ans, parce que je ne sens plus la pression de me conformer à certains standards imposés par la société. Je suis libre de faire ce que je veux. Je ne cherche plus l'approbation de personne, ni ne me préoccupe de ce que les autres pensent de moi. J'agis à ma guise beaucoup plus souvent. La pression des autres est assurément devenue moins importante. En d'autres termes, pour la première fois de ma vie, je me donne la première place. Et ça fait du bien.

Il y eut un temps où je laissais les médias et les soi-disant symboles d'autorité dicter ma conduite, porter des jugements sur ce que je portais ou sur les produits de beauté que j'achetais. Avec le recul, je pense que je croyais que si je n'utilisais pas tous les produits qui étaient annoncés, je n'étais pas « acceptable ». Un jour, j'ai réalisé qu'utiliser tous ces produits me rendait acceptable pour seulement une journée. Le lendemain, je devais recommencer. Je me souviens avoir passé de longues heures à épiler mes sourcils pour être acceptable. Tout cela me semble si bête aujourd'hui.

L'âge et la sagesse

Une partie de la sagesse est de savoir ce qui est bien pour nous, d'adhérer à ces croyances, puis d'éliminer tout le reste. Je ne veux pas dire qu'on ne doit jamais rien explorer de nouveau. Nous devons apprendre et évoluer tout le temps. Ce que je veux dire, c'est qu'il est important de séparer le « besoin » du « battage publicitaire » et de prendre ses propres décisions. Prenez vos propres décisions sur *tout*, y compris sur tout ce que je vous ai dit dans ce livre. Bien que je crois que mes idées ont beaucoup de bon sens, vous avez tout à fait le droit de les rejeter. Utilisez seulement ce qui fonctionne le mieux pour vous.

Il est malheureux que, du moment où on est devant la télévision jusqu'au moment où on l'éteint, on soit bombardé de publicités et de concepts absurdes sur la vie. Les enfants sont ciblés comme des consommateurs, dans l'espoir qu'ils sollicitent leurs parents pour certains aliments et jouets. On nous dit quoi vouloir et quoi posséder. Peu de parents apprennent à leurs enfants combien les publicités à la télé sont fausses, combien elles mentent et exagèrent. Comment le pourraient-ils ? Ces parents ont aussi été élevés en écoutant toutes ces publicités.

Donc, en grandissant, nous nous transformons en consommateurs stupides, achetant tout ce qu'« on » nous dit d'acheter, faisant tout ce qu'« on » nous dit de faire. Nous croyons à tous ces symboles d'autorité et à tout ce que nous voyons sur l'écran. Quand on est enfant, c'est compréhensible, mais comme adultes, nous devons tout examiner et nous interroger sur tout. Si quelque chose nous semble insensé, si ce n'est pas pour notre bien, alors ce n'est pas bon pour nous. La sagesse est de savoir quand dire non aux gens, aux endroits, aux choses et aux expériences qui ne nous apportent rien de bon. La sagesse est la capacité d'examiner nos systèmes de croyance et nos relations interpersonnelles pour être sûr que ce que nous faisons ou acceptons est pour notre plus grand bien.

Pourquoi est-ce que j'achète ce produit ? Pourquoi est-ce que je fais ce travail ? Pourquoi est-ce que j'ai ces amis ? Pourquoi est-ce que je choisis cette religion ? Pourquoi est-ce que j'habite ici ? Pourquoi est-ce que je pense ça de moi ? Pourquoi est-ce que je vois la vie de cette manière ? Pourquoi est-ce que je ressens ça pour les hommes/femmes ? Pourquoi est-ce que j'ai peur ou que j'attends avec impatience mes dernières années ? Pourquoi est-ce que je vote pour tel parti ?

Est-ce que vos réponses vous font vous sentir bien avec vous-même et la Vie en général ? Faites-vous les choses d'une certaine façon, seulement parce que c'est comme ça que vous l'avez toujours fait, ou est-ce vos parents qui vous ont appris à le faire comme ça ?

Qu'apprenez-vous à vos enfants à propos de l'âge ? Quel exemple leur donnez-vous ? Voient-ils une personne aimante, enjouée chaque jour et attendant avec impatience le futur ? Ou êtes-vous quelqu'un d'amer, d'effrayé, redoutant de vieillir et s'attendant à être malade et seul ? NOS ENFANTS APPRENNENT DE NOUS ! Tout comme nos petits-enfants. Quel genre de vieillesse voulez-vous les aider à envisager et à créer ?

Apprenez à aimer qui vous êtes et où vous êtes, et vous avancerez en appréciant chaque moment de votre vie. Ceci est l'exemple que vous devez donner à vos enfants, pour qu'ils puissent vivre aussi une vie heureuse et merveilleuse jusqu'à leur dernier jour.

Apprendre à aimer son corps

L'enfant qui ne se sent pas bien avec lui-même cherchera des raisons de détester son corps. À cause de la forte pression des publicitaires, nous croyons souvent que quelque chose ne va pas avec notre corps. Si seulement nous pouvions être plus minces, plus blondes, plus grandes, si notre nez était plus gros ou plus petit, si nous avions un sourire plus éblouissant — la liste est infinie. Donc, même jeunes, peu parmi nous ont rencontré les standards de beauté.

Le culte de la jeunesse que nous avons créé s'ajoute au malaise avec lequel nous regardons notre corps, sans oublier notre peur des rides. Nous voyons chaque changement de notre visage et de notre corps comme quelque chose à dédaigner. Quel dommage ! Quelle terrible façon de nous voir ! Et pourtant, ce n'est qu'une pensée, et une pensée peut être changée. La façon dont nous choisissons de percevoir notre corps et nous-même est un concept appris. La croyance répandue, voulant que vieillir aille avec le sentiment de haine de soi, a fait que notre espérance de vie est inférieure à 100 ans. Or, nous sommes dans un processus de découverte des pensées, des sentiments, des attitudes, des croyances, des intentions, des mots et des actions qui devrait nous permettre de vivre longtemps et en bonne santé.

J'aimerais voir tout le monde aimer et chérir sa magnifique personne, intérieure comme extérieure. Si vous n'aimez pas une partie de votre corps, demandez-vous pourquoi. D'où vous vient cette idée ? Est-ce que quelqu'un vous a dit que votre nez n'était pas assez droit ? Qui vous a dit que vos pieds étaient trop grands ou que votre buste était trop petit ? Quels sont vos standards ? En acceptant ces concepts, vous injectez de la colère et de la haine dans votre propre corps. Ce qui est malheureux là-dedans, c'est que les cellules de notre corps ne peuvent pas faire leur travail correctement si elles sont cernées par la haine.

C'est comme si vous alliez travailler chaque jour et que votre patron vous détestait. Vous ne seriez jamais à l'aise ni ne feriez du bon travail. Toutefois, si vous travailliez dans une atmosphère d'amour et d'approbation, votre créativité pourrait s'épanouir dans des voies qui pourraient vous surprendre. Vos cellules répondent en fonction de ce que vous pensez d'elles. Chacune de nos pensées crée une réaction chimique dans notre corps. Nous pouvons baigner nos cellules dans une atmosphère apaisante, ou nous pouvons créer des réactions toxiques en nous. J'ai remarqué que quand les gens sont malades, ils dirigent souvent leur colère vers la partie affectée de leur corps. Et le résultat ? Le processus de guérison est retardé.

Donc, vous pouvez voir combien il est crucial pour notre bien-être d'aimer constamment et d'apprécier les magnifiques êtres que nous sommes. Notre corps (notre enveloppe de peau, comme disent les Chinois), ou le costume que nous avons choisi de porter dans cette vie, est une merveilleuse invention. Il est parfait pour nous. L'intelligence qui est en nous fait battre notre cœur, fait respirer notre corps, et sait comment guérir un os fracturé. Tout ce qui arrive dans notre corps est miraculeux. Si nous honorions et appréciions chaque partie de notre corps, alors notre santé s'améliorerait grandement.

Si vous n'aimez pas une partie de votre corps, pendant un mois, mettez de l'amour dans cette zone. Dites littéralement à votre corps que vous l'aimez. Vous pourriez aussi vous excuser de l'avoir haï dans le passé. Cet exercice peut sembler simpliste, mais il fonctionne. Aimez-vous à l'intérieur comme à l'extérieur.

L'amour que vous créez envers vous-même restera ensuite avec vous pour le reste de votre vie. Tout comme nous avons appris à nous détester, nous pouvons apprendre à nous aimer. Il faut seulement de la volonté et un peu de pratique.

Se sentir en vie et plein d'énergie me semble beaucoup plus important qu'une ride ou deux, ou même plus. L'éditrice du magazine *Cosmopolitan* était à l'émission de Larry King il n'y a pas longtemps et je l'ai entendu dire à plusieurs reprises : « Vieillir, c'est l'enfer ! C'est l'enfer ! Je déteste vieillir ! » Je ne pouvais pas m'empêcher de penser quelle terrible affirmation elle répétait. Ma suggestion serait d'affirmer : J'AIME LA VIEILLESSE. CE SONT LES MEILLEURES ANNÉES DE MA VIE.

Éliminer le mal-être

Pendant longtemps, les gens n'étaient pas conscients que leurs pensées et leurs actions avaient un lien avec leur bonne ou leur mauvaise santé. Aujourd'hui, même la profession médicale commence à reconnaître les liens entre le corps et l'esprit. Le docteur Deepak Chopra, auteur du best-seller *Un corps sans âge, un esprit immortel,* était invité par l'hôpital Sharp, une grande institution médicale de la côte ouest, pour y installer une clinique du corps et de l'esprit. Le docteur Dean Ornish, qui faisait des traitements holistiques pour les mal-êtres du cœur, a été appuyé par une compagnie d'assurance d'Omaha (la Mutuelle d'Omaha, compagnie d'assurance). Cette énorme société permet maintenant à ses clients de recevoir leur traitement en étant couverts. L'entreprise a reconnu que cela lui coûte moins cher de payer pour un séjour d'une semaine à la clinique du docteur Ornish, plutôt que pour une opération à cœur ouvert.

Cette opération est très chère, de 50 000 à 80 000 $. Ce que beaucoup de personnes ne réalisent pas, c'est qu'elle débouche les artères seulement provisoirement. Le pontage n'est pas une solution à long terme, à moins de changer notre façon de penser et notre alimentation. Nous pourrions le faire d'abord et éviter toutes ces souffrances et ces frais. Nous devons aimer et prendre soin de notre corps. Les médicaments et les opérations ne le feront pas tout seuls.

Dans les prochaines années, je prévois l'arrivée de cliniques et d'hôpitaux pour le corps et l'esprit dans tout le pays, avec des compagnies d'assurance prêtes à payer pour ces traitements. Ceux qui en bénéficieront le plus sont les gens qui auront appris à prendre soin de leur santé. Ils découvriront ce que signifie être vraiment en bonne santé. Je vois des médecins qui enseigneront à leurs patients à prendre soin de leur santé, au lieu de simplement leur prescrire des médicaments et des opérations, comme ils le font maintenant. Nous avons de nombreux programmes pour traiter les mal-êtres, mais très peu pour prendre soin de notre santé. On nous a appris quoi faire contre le mal-être, plutôt que comment favoriser la santé. Je crois que dans un proche avenir, la médecine alternative ou complémentaire fusionnera avec la médecine technologique, pour créer de vrais programmes de bien-être pour chacun d'entre nous.

Je vois la santé comme une médecine des soins préventifs, pas uniquement comme une médecine qui soigne les crises ou les mal-êtres. Un bon plan de soins de santé pourrait inclure l'éducation. Il pourrait nous enseigner les principes du rapport entre le corps et l'esprit, les valeurs de la nutrition et de l'exercice, et l'utilisation des herbes et des vitamines. Nous pourrions tous explorer d'autres moyens naturels complémentaires pour créer du bien-être dans la population.

Le *USA Today* a rapporté, en 1993, que 34 % de la population américaine, soit 80 millions de personnes, utilisaient une forme de soins de santé alternative, y compris la chiropractie. Il signalait aussi que les Américains avaient fait plus de 250 millions de visites chez des praticiens de soins médicaux alternatifs. Beaucoup de ces visites étaient dues au fait que la profession médicale ne répondait plus aux besoins de ces patients. Je pense que ce nombre pourrait être supérieur si les compagnies d'assurance payaient pour ces visites.

Nous avons instauré un système où la mutilation et le poison sont considérés comme des moyens de traiter les mal-êtres, et où les moyens naturels de guérir sont perçus comme n'étant pas naturels. Un jour, toutes les compagnies d'assurance découvriront qu'il leur revient beaucoup moins cher de payer pour un traitement d'acupuncture ou pour un traitement nutritionnel que pour des soins à l'hôpital, avec souvent de bien meilleurs résultats.

Il est temps pour nous tous de reprendre notre pouvoir tombé entre les mains des compagnies pharmaceutiques et médicales. Nous nous sommes fait avoir par la médecine de haute technologie, qui est très chère et qui, souvent, détruit notre santé. Il est temps pour chacun d'entre nous, et spécialement pour les personnes âgées qui ont moins de temps, d'apprendre à prendre le contrôle de notre corps, de veiller à notre bonne santé. Ceci permettra d'épargner des millions de vies et des milliards de dollars.

Êtes-vous conscient que 50 % des faillites sont causées par des dettes d'hôpital et que bien des gens qui entrent à l'hôpital en phase terminale perdront les économies de toute leur vie durant leurs derniers 10 jours ? Nous devons assurément faire des changements dans la pratique de nos services médicaux !

Nous POUVONS contrôler nos corps

Devenir vieux et malade est devenu la norme pour la plupart des gens dans notre société. Il n'y a, cependant, aucune raison pour que cela continue. Nous en sommes à un point où nous pouvons avoir le contrôle de notre corps. Alors que nous en apprenons davantage sur la nutrition, nous en venons à réaliser que ce que nous mettons dans notre corps a des conséquences directes sur ce que nous ressentons, voyons et même sur notre bonne ou mauvaise santé. Nous devenons alors plus aptes à rejeter les publicités si nous trouvons leurs failles.

Un programme entier d'éducation sur les soins de santé pourrait être lancé et soutenu par les personnes âgées. Si nous pouvions compter sur une organisation comme l'Association américaine des personnes retraitées (the American Association of Retired Persons), l'AARP, — avec ses 30 millions de membres — pour soutenir vraiment les soins de santé, plus que la guérison de le mal-être, nous pourrions apporter des changements très positifs. Toutefois, nous ne pouvons pas attendre après eux. Nous devons apprendre tout ce que nous pouvons sur les moyens de rester en bonne santé maintenant.

Jusqu'à ce que nous puissions vraiment apprendre aux gens qu'ils sont pleinement responsables de leur santé et de leurs mal-êtres, rien ne nous fera vivre plus longtemps. J'aimerais aider toutes les personnes qui avancent en âge à être en pleine santé.

La peur nous limite tellement

Je vois tellement de peur parmi les gens âgés – la peur du changement, de la pauvreté, de le mal-être, de la sénilité, de la solitude, et plus encore, la peur de la mort. Je crois sincèrement que toute cette peur n'est pas nécessaire. C'est quelque chose qu'on nous a appris. Elle a été programmée en nous. C'est juste un modèle type d'une façon de penser et il peut être changé. Une façon de penser négative domine parmi de nombreuses personnes âgées et, en conséquence, elles sont mécontentes toute leur vie.

Il est crucial que nous gardions toujours à l'esprit que ce que nous pensons et disons devient nos expériences. Nous prêterons alors attention à nos pensées et à nos paroles habituelles, pour que nous puissions constituer notre vie en accord avec nos rêves. Nous pouvons dire avec mélancolie : « Oh, j'aimerais pouvoir avoir, ou pouvoir être… », mais nous n'arrivons pas à utiliser les mots et les pensées qui peuvent réellement faire que nos désirs deviennent réalité. En effet, nous pensons chacune de nos pensées négatives, puis nous nous demandons pourquoi notre vie ne se passe pas comme nous l'aurions souhaité. Comme je l'ai mentionné plus tôt, nous avons tous 60 000 pensées par jour et LA PLUPART d'entre elles sont les mêmes aujourd'hui qu'hier et que demain ! Pour sortir de cette ornière, chaque matin, je me dis : « JE VOIS LA VIE DIFFÉREMMENT. J'AI MAINTENANT DES PENSÉES QUE JE N'AI JAMAIS EUES AVANT, DE NOUVELLES PENSÉES CRÉATIVES. »

En conséquence, si vous avez peur du changement, vous pouvez dire : « JE SUIS EN PAIX AVEC TOUTES LES

POSSIBILITÉS DE CHANGEMENT DANS MA VI
TOUJOURS EN SÉCURITÉ. » Si vous avez peur d
essayez : « JE FAIS UN AVEC LE POUVOIR UN
L'ABONDANCE ET J'OBTIENS TOUJOURS PLUS QUE CE DONT J'AI BESOIN. » Pour la peur de le mal-être, vous pourriez affirmer : « JE SUIS L'INCARNATION DE LA SANTÉ ET DE LA VITALITÉ, ET JE ME RÉJOUIS DE MON BIEN-ÊTRE. » Si vous avez peur de devenir sénile, dites : « JE FAIS UN AVEC LA SAGESSE ET LA CONNAISSANCE UNIVERSELLES, ET MON ESPRIT EST TOUJOURS VIF ET CLAIR. » Pour la solitude : « JE FAIS UN AVEC CHAQUE PERSONNE SUR CETTE PLANÈTE, ET JE DONNE ET REÇOIS CONSTAMMENT DE L'AMOUR. » Si vous avez peur de passer la fin de vos jours dans une résidence pour personnes âgées, déclarez : « JE VIS TOUJOURS DANS MA MAISON, PRENANT JOYEUSEMENT SOIN DE MOI. » Pour la peur de la mort : « JE ME RÉJOUIS DE CHAQUE ÉTAPE DE MA VIE, EN SACHANT QUE QUITTER LA PLANÈTE EST COMME OUVRIR UNE PORTE À L'AMOUR ET À UNE NOUVELLE EXPÉRIENCE MAGNIFIQUE. »

Ces déclarations sont des façons de reprogrammer votre esprit pour une vie future plus heureuse. Si vous affirmez ces déclarations chaque fois que des pensées de peur surgissent, en un instant, ces nouvelles pensées deviendront vraies pour vous. Tandis qu'elles deviennent vos nouvelles vérités, vous trouverez que non seulement votre vie changera pour le mieux, mais votre vision de l'avenir changera aussi. C'est un processus continuel de croissance et de transformation.

Voici une autre merveilleuse affirmation : J'AI UNE BONNE SANTÉ ET UNE BONNE FORTUNE PERSONNELLE.

Trouver et utiliser vos trésors intérieurs

Je veux vous aider à créer un idéal conscient de vos dernières années, à réaliser qu'elles peuvent être les plus satisfaisantes de votre vie. Sachez que votre avenir est toujours prometteur, peu importe votre âge. Voyez vos dernières années comme des trésors. Vous pouvez devenir un AÎNÉ D'EXCELLENCE.

Beaucoup d'entre nous ont maintenant rejoint les rangs des aînés, et il est temps de voir la vie d'une manière différente. Vous n'avez pas à vivre vos dernières années comme vos parents l'ont fait. Vous et moi pouvons créer une nouvelle façon de vivre. Nous pouvons changer toutes les règles. Quand nous avançons dans le temps, en connaissant et en utilisant nos trésors intérieurs, seul le bon nous attend. Nous devons savoir et affirmer que tout ce qui nous arrive est pour le mieux, et croire sincèrement que rien de mal ne se produira.

Au lieu de simplement vieillir, renoncer et mourir, participons au maximum à la vie. Nous avons le temps, nous avons la connaissance et nous avons la sagesse d'évoluer dans le monde avec amour et force. La société fait actuellement face à de nombreux défis. Il y a des problèmes importants qui nécessitent notre attention.

Nous devons revoir notre façon de vivre les dernières années de notre vie. Une étude a été récemment menée par une université sur l'âge moyen. Les chercheurs ont découvert que peu importe à quel âge vous associez l'âge moyen, c'est à ce moment-là que le corps commencera le processus de vieillissement. Vous voyez donc que le corps accepte ce que l'esprit décide. Alors, au lieu de considérer l'âge de 45 ou de 50 ans comme âge moyen, nous pouvons facilement décider que 75 est le nouvel âge moyen. Le corps l'acceptera volontiers aussi.

Cela revient à vieillir et à raccourcir la vie que de dire : « Je n'ai pas assez de temps. » Au lieu de cela, vous devriez dire : « J'AI PLUS DE TEMPS, D'ESPACE ET D'ÉNERGIE QU'IL N'EN FAUT POUR CE QUI EST IMPORTANT. »

Notre durée de vie s'est prolongée depuis que nous avons été créés comme espèce. Nous avions des vies très courtes — d'abord seulement jusqu'au milieu de l'adolescence, puis la vingtaine, la trentaine, la quarantaine. Même au début du XXe siècle, avoir 50 ans était considéré comme vieux. En 1900, notre espérance de vie était de 47 ans. Maintenant, nous considérons que 80 ans est une durée de vie normale. Pourquoi ne pas faire un bond en avant dans notre conscience et augmenter le seuil normal à 120 ou 150 ans ?

Oui, bien sûr, nous devons créer la santé, la richesse, l'amour, la compassion et le désir de vivre avec cette nouvelle durée de vie. Quand je parle de vivre jusqu'à 120 ans, la plupart des gens s'exclament : « Oh, non ! Je ne veux pas être malade ou pauvre pendant toutes ces années. » Pourquoi est-ce que nos esprits vont tout de suite vers une façon de penser limitée ? Nous ne devons pas associer la vieillesse avec la pauvreté, le mal-être, la solitude et la mort. Si c'est ce que nous voyons souvent autour de nous maintenant, c'est parce que c'est ce que nous avons créé à partir de nos systèmes de croyances dépassés.

Nous pouvons toujours changer nos systèmes de croyances. Nous avons bien déjà cru que la Terre était plate. À présent, ce n'est plus une vérité pour nous. Je sais que nous pouvons changer ce que nous pensons et considérons comme normal. Nous pouvons vivre longtemps en bonne santé, avec de l'amour, de l'argent, de la sagesse et dans la joie.

Oui, nous devons changer nos croyances courantes. Nous devons changer les façons dont nous organisons notre société, nos problèmes de retraite, nos assurances, notre système de santé. Mais, c'est *possible*.

Je veux vous donner l'espoir et vous donner envie d'apprendre à vous guérir vous-mêmes, ce qui nous permettra ensuite de guérir la société. Il est temps de replacer les aînés au sommet de l'échelle. En tant qu'aînés, nous méritons l'estime et l'honneur. Mais d'abord, nous devons développer notre estime de soi et prendre conscience de notre valeur. Nous avons tout à y gagner.

C'est quelque chose que nous développons dans notre propre conscience.

Transformez votre vie

Vous avez le pouvoir de changer votre vie de sorte que vous ne reconnaîtrez plus votre ancien moi. Vous pouvez passer de lemal-être à la santé, de la solitude à l'amour. Vous pouvez passer de la pauvreté à la sécurité et à l'accomplissement. Vous pouvez passer de la culpabilité et de la honte à la confiance en soi et à l'amour de soi. Vous pouvez passer d'un sentiment d'absence totale de qualités à un sentiment de créativité et de puissance. Vous POUVEZ faire de vos dernières années une époque formidable !

Il est temps pour nous tous d'être tout ce que nous pouvons être au cours de notre vieillesse. Voici l'avenir que je recherche. Rejoignez-moi. Commençons un mouvement nommé « les Aînés d'Excellence », pour qu'en profitant de ces Années Précieuses, nous contribuions davantage à la société.

Quand j'ai commencé à travailler sur la guérison, je me suis appliquée à apprendre aux gens à s'aimer, à cesser d'éprouver du ressentiment, à pardonner, à éliminer les anciennes croyances et les modèles limités. C'était merveilleux, et comme beaucoup d'entre vous me l'ont témoigné, vous avez été capables d'augmenter la qualité de vos vies à un niveau remarquable. Ce travail individuel est encore extrêmement utile et doit continuer, jusqu'à ce que chaque personne sur cette planète vive une vie remplie de santé, de bonheur, de contentement, de satisfaction et d'amour.

Maintenant, c'est le moment pour nous de saisir ces idées et de les appliquer à la société tout entière. D'en faire la tendance dominante. D'aider à élever la qualité de la vie de chacun. Notre récompense sera un monde pacifique, un monde d'amour, où nous, en tant qu'aînés, pourrons vivre les portes ouvertes, marcher librement le soir, et savoir que nos voisins sont là pour nous accueillir, nous soutenir et nous aider si nécessaire.

Nous pouvons changer nos systèmes de croyances. Mais pour ce faire, nous, en tant qu'Aînés d'Excellence, devons sortir de notre mentalité de victime. Aussi longtemps que nous nous verrons comme des individus infortunés et impuissants, aussi longtemps que nous dépendrons du gouvernement pour décider pour nous, nous ne progresserons jamais comme groupe. Toutefois, quand nous nous regroupons et trouvons des solutions créatives pour nos dernières années, alors nous avons un réel pouvoir et nous pouvons changer notre pays ou notre monde pour le mieux.

Quelques mots pour les baby-boomers

J'aimerais vous dire quelques mots à vous, baby-boomers, qui commencez votre entrée dans la cinquantaine.

Comment voulez-vous vieillir ? Comment voulez-vous que l'Amérique vieillisse ? Ce que nous créons pour nous-mêmes, nous le créons pour notre pays. Plus de gens vivront dans les deux prochaines décennies que jamais auparavant dans l'histoire. Voulons-nous que ça se passe comme avant ? Ou sommes-nous prêts à faire un bond en avant dans la conscience et à créer un nouveau mode de vie, entièrement différent, pour les dernières années des baby-boomers ?

Nous ne pouvons pas tout simplement attendre que le gouvernement change tout pour nous. La ville de Washington est devenue un foyer d'intérêts particuliers et d'avidité. Ce que nous devons plutôt faire, c'est regarder en nous et trouver nos propres trésors, notre propre sagesse, puis les distribuer avec amour à tout le reste de la société.

J'appelle tous les baby-boomers, la génération précédente et la suivante, à me rejoindre dans la transformation de la génération du « je » en la génération du « nous ». Ce qui est curieux, c'est qu'il existe un groupe nommé l'Organisation des jeunes chefs d'entreprise (*Young Presidents Organization*), la YPO, qui représente les plus jeunes leaders dans le monde des affaires et la société. Mais la plupart d'entre eux sont surmenés et se suicident, car ils ne prennent pas le temps d'aller en eux et d'entrer en contact avec leur sagesse intérieure. Ils ont empilé beaucoup d'argent et se demandent ensuite : « Est-ce que c'est tout ? » Ce qu'ils doivent faire pour passer du « je » au « nous » est de se mettre à rendre service à leur communauté et à leur pays. Pourquoi ? Parce qu'ils sont le groupe idéal pour devenir les leaders des Aînés d'Excellence !

Chacun de nous, y compris nos politiciens actuels, a besoin de prendre du temps chaque jour pour s'asseoir en silence. Si nous ne prenons pas le temps d'aller en nous et de nous connecter avec notre sagesse intérieure, nous ne saurons pas quelles sont les meilleures décisions à prendre. C'est presque un acte d'arrogance d'assumer les responsabilités à la place des autres et de ne pas prendre le temps d'aller vers l'intérieur et d'entrer en contact avec les conseils universels.

Je prédis un monde où les Leaders d'Excellence et les Aînés d'Excellence travailleront ensemble, main dans la main, pour guérir l'Amérique. Les Leaders auront des pères et des mères qui seront des Aînés d'Excellence. Nous pourrons tous travailler ensemble pour discuter et mettre en œuvre des plans pour aider notre société à être plus productive. Et ces plans fonctionneront dans les affaires ainsi que dans d'autres domaines : les soins de santé, les arts, peu importe votre travail ou service. Il y a toujours quelque chose à faire pour aider, peu importe votre âge !

Reprendre notre pouvoir

Je crois très fermement que nos aînés ont été traités comme s'ils étaient inutiles, alors qu'en réalité, ils sont les guides parfaits pour aider à reconstruire notre monde. Il y eut une époque où les aînés étaient estimés pour leur aide et leurs connaissances, mais nous avons rabaissé leur importance en créant une société de jeunes. Quelle erreur ! La jeunesse est une chose merveilleuse, mais les jeunes deviennent aussi des aînés. Avoir une fin de vie confortable et sereine nous concerne tous.

En astrologie, une personne n'a pas complété son « retour de Saturne » avant l'âge de 29 ans. Saturne prend en effet 29 ans pour compléter son cycle du Zodiaque. C'est seulement après que vous avez eu des expériences dans les 12 « maisons » de votre vie que vous pouvez appliquer cet apprentissage à votre vie courante.

En tant qu'aînés, nous devons apprendre à continuer à jouer, à avoir du plaisir, à rire et à être des enfants, si nous le voulons. Nous ne méritons pas d'être mis de côté parce que nous vieillissons et mourons. Nous ne méritons pas non plus d'être traités de cette façon, à moins que nous le permettions. Les aînés doivent revenir à l'avant de la scène, participer pleinement à la vie et partager leurs connaissances avec les jeunes générations. Les gens disent souvent : « Oh, si seulement je pouvais le faire partout… » Et bien, vous pouvez ! En intervenant et en prenant un rôle de leader, en redevenant des membres à part entière de la société, nous pouvons contribuer à un monde nouveau et meilleur.

Si vous ou un proche fréquentez une résidence pour personnes âgées, au lieu de parler de vos mal-êtres, demandez-vous comment vous pourriez vous regrouper et améliorer votre situation dans la société. Que pourriez-vous faire pour améliorer la vie de tout le monde ? Peu importe que votre contribution vous semble petite, elle a un sens. Si tous les aînés font un geste, nous pouvons améliorer notre pays.

En agissant dans tous les secteurs de la société, nous verrons notre sagesse se répandre à tous les niveaux ; de ce fait, nous transformerons notre pays en un endroit de bonté. Donc, je vous conseille vivement ceci : Faites un pas en avant, exprimez-vous, voyagez et VIVEZ ! C'est la chance pour vous de regagner votre pouvoir et de créer un héritage que vous serez fier de laisser à vos petits-enfants et à leurs petits-enfants.

C'est mon plus grand désir d'inspirer les aînés de partout et de leur permettre de contribuer à guérir notre pays. En tant qu'aînés, vous êtes la génération qui va transformer les choses. Vous êtes les gens. Vous êtes le gouvernement. Vous êtes les seuls qui puissiez faire ces changements. Et c'est MAINTENANT le moment !

Nous devons tous arrêter de suivre des leaders qui nous renvoient vers de mauvaises voies. Nous devons arrêter de croire que l'avidité et l'égoïsme apportent un bonheur permanent dans nos vies. Nous devons nous aimer d'abord et avant tout, et avoir de la compassion pour les autres. Puis, nous pourrons partager cet amour et cette compassion avec tout le monde sur la planète. Ceci est NOTRE monde et nous avons la capacité de le transformer en paradis.

La guérison planétaire ou globale est une réponse à la conscience que ce que nous expérimentons dans notre monde extérieur est un miroir pour les modèles d'énergie qui sont en nous. Dans tout processus de guérison, il est important de reconnaître notre lien et notre contribution à l'ensemble de la Vie et de commencer le processus de projection d'une énergie positive de guérison dans le monde entier. Beaucoup d'entre nous sont coincés dans leur propre énergie, inconscients du pouvoir de guérison par le don et le partage. La guérison est un processus continuel, car si nous attendons d'être « guéris » pour commencer à partager l'amour, nous n'aurons jamais l'opportunité de le faire.

Mes espoirs pour notre pays

Je n'ai pas toutes les réponses, mais je vous encourage, vous qui avez la connaissance et les moyens de le faire, à faire un pas en avant et à aider à guérir notre planète.

Nos fardeaux nous font vieillir. Mais si chacun d'entre nous fait juste un petit effort, nous pouvons effectuer de profonds changements. Par exemple, il y a un dentiste à Los Angeles qui a commencé à offrir ses services gratuitement aux sans-abri. Pouvez-vous vous imaginer sans domicile et avoir une terrible rage de dent ? Cet homme a dit : « Si chaque dentiste à Los Angeles donnait une heure de soins dentaires gratuits par semaine, tous les sans-abri de la ville pourraient être soignés. »

Nous nous sentons souvent écrasés par nos problèmes, mais si nous accordions une petite partie de notre temps à aborder les problèmes qui nous affectent, la plupart seraient résolus. Beaucoup d'aînés sont à un âge où ils n'ont plus rien à perdre. Ils n'ont plus de travail ou de maison à perdre, parce qu'ils ont réalisé leur sécurité financière. Ceux qui *ont* peuvent aider ceux qui *n'ont pas*. Je suis sûre que beaucoup d'aînés riches dans ce pays pourraient être encouragés à partager leur argent avec d'autres, si on le leur présentait comme une façon d'être honoré et admiré par la société.

Il est vrai que beaucoup de nos problèmes quotidiens ont été créés par ces riches et avides aînés de ma génération. Ils ont vu les conséquences des comportements égoïstes et de l'« argent sale » de la part de grosses compagnies et de certains individus. Mais à présent, ces gens ont un rôle plus grand à jouer. Un rôle dans la guérison de l'Amérique. Ils peuvent encore être des gros bonnets, mais maintenant il peuvent aussi l'être en guérissant plutôt qu'en abusant. Ils peuvent facilement donner quelques millions ici et là pour que notre société redevienne agréable.

Je crois sincèrement que comme tout le monde a un rôle à jouer dans le processus de guérison du pays, nous pouvons « rajeunir » plutôt que vieillir. Je sais que c'est possible. Il faudra peut-être attendre la troisième génération avant d'atteindre ce « rajeunissement » et de le voir comme une chose normale et naturelle, mais les aînés d'aujourd'hui peuvent être les pionniers et les leaders. Quelques livres ont été écrits sur le processus de rajeunissement. *New Cells, New Bodies, New Lives,* de Viginia Essene nous donne de nouvelles idées à cogiter. Je sais que le rajeunissement est possible ; la question est uniquement de trouver comment.

On demande toujours aux enfants à l'école : « Qu'est-ce que tu veux faire quand tu seras grand ? » On leur apprend à planifier leur avenir. Nous devons adopter la même attitude et planifier nos dernières années. Qu'est-ce que vous voulez faire quand vous serez vieux ? Je voudrais être un Aîné d'Excellence, en contribuant à améliorer la société comme je le pourrais. Maggie Huhn, à la tête d'un groupe activiste, les Gray Panthers, a dit récemment : « Je veux mourir dans un aéroport, un porte-documents à la main, juste après un travail bien fait. »

Pensez à ces questions : Comment puis-je être utile ? Que puis-je faire pour aider à guérir l'Amérique ? Quel héritage est-ce que je veux laisser à mes petits-enfants ? Ce sont des questions importantes pour nous, que nous devons nous poser, que nous ayons 20, 30 ou 40 ans. Ensuite, nous entrerons dans la cinquantaine et la soixantaine et nous aurons plein d'opportunités devant nous. Je me souviens avoir entendu quelqu'un dire récemment : « J'ai pris conscience que j'avais vieilli quand les gens ont arrêté de me dire que j'avais toute la vie devant moi. »

Et bien, vous *devez* avoir « toute la vie » devant vous. Quoi d'autre sinon ? « toute la mort » ? Bien sûr que non ! Il est maintenant temps de vivre pleinement, de reconnaître votre valeur, d'être fier de votre titre d'Aîné d'Excellence.

Je loue tous ceux parmi nous qui ont le courage d'avancer avec les idées que j'ai présentées ici. Oui, il peut y avoir de la résistance ou un certain degré de difficulté. Et alors ? Nous sommes des Aînés et nous sommes invincibles !

AFFIRMATIONS POUR LES AÎNÉS D'EXCELLENCE

(Vous devez répéter les affirmations suivantes quand vous vous réveillez et avant de dormir le soir.)

JE SUIS JEUNE ET MERVEILLEUX... À N'IMPORTE QUEL ÂGE.
JE COLLABORE À LA SOCIÉTÉ DE FAÇON SATISFAISANTE ET PRODUCTIVE.
JE M'OCCUPE DE MES FINANCES, DE MA SANTÉ ET DE MON AVENIR.
JE SUIS RESPECTÉ PAR TOUS CEUX QUE JE RENCONTRE.
J'HONORE ET JE RESPECTE LES ENFANTS ET LES ADOLESCENTS DANS MA VIE.
J'HONORE ET JE RESPECTE TOUS LES AÎNÉS DANS MA VIE.
MA VIE EST UNE SUPERBE AVENTURE.
JE SUIS OUVERT À EXPÉRIMENTER TOUT CE QUE LA VIE A À OFFRIR.
MA FAMILLE ME SOUTIENT ET JE LA SOUTIENS.
JE N'AI AUCUNE LIMITE.
J'AI TOUTE LA VIE DEVANT MOI.
JE M'EXPRIME. JE SUIS ÉCOUTÉ PAR LES LEADERS DE LA SOCIÉTÉ.
JE PRENDS LE TEMPS DE JOUER AVEC MON ENFANT INTÉRIEUR.
JE MÉDITE, ME PROMÈNE, APPRÉCIE LA NATURE ; J'AIME PASSER DU TEMPS SEUL.
RIRE OCCUPE UNE GRANDE PARTIE DE MA VIE ; JE NE M'EMPÊCHE DE RIEN.
JE PENSE AUX MOYENS D'AIDER À GUÉRIR LA PLANÈTE ET JE LES METS EN ŒUVRE.
J'AI TOUT MON TEMPS.

MES DERNIÈRES ANNÉES SONT MES PRÉCIEUSES ANNÉES

Je me réjouis de chaque année qui passe. Mes connaissances augmentent et j'entre en contact avec ma sagesse. Je perçois les conseils des anges à chaque étape. Mes dernières années sont mes précieuses années. Je sais comment vivre. Je sais comment rester jeune et en bonne santé. Mon corps est renouvelé à chaque instant. Je suis énergique, plein d'entrain, en bonne santé, bien vivant et je serai actif jusqu'à mon dernier jour. Je suis en paix avec mon âge. Je crée la prospérité dont j'ai besoin. Je sais comment être triomphant. Mes dernières années sont mes PRÉCIEUSES ANNÉES et je deviens un AÎNÉ D'EXCELLENCE. Je collabore à la vie de toutes les façons possibles, sachant que je suis amour, joie, paix et sagesse infinie, maintenant et pour toujours. Qu'il en soit ainsi !

Chapitre huit

La mort et mourir : la transition de notre âme

« Nous venons sur cette planète pour apprendre certaines leçons, puis nous passons à autre chose… »

La mort — une partie naturelle de la Vie

Depuis que j'ai commencé à œuvrer avec l'association *People with Aids*, j'ai connu des centaines de personnes qui sont décédées. Être proche de certaines de ces personnes pendant la fin de leur vie m'a fait comprendre la mort comme jamais auparavant. Je voyais la mort comme une expérience effrayante, mais je sais maintenant que c'est une partie normale et naturelle de la vie. J'aime penser à la mort comme le simple fait de « quitter la planète ».

Je crois que nous venons tous sur cette planète pour apprendre certaines leçons. Quand ces leçons sont apprises, nous partons. Une vie peut être courte et nous pouvons l'apprendre d'un avortement. Peut-être aussi que la mort d'un enfant est une décision de l'âme pour nous apprendre l'amour et la compassion. Nous pouvons vivre seulement quelques jours ou quelques mois et partir emportés par la mort subite du nourrisson.

Certaines personnes utilisent le mal-être comme un moyen de quitter la planète. Ils créent une vie qui dans laquelle il ne semble pas possible d'arranger les choses, alors ils décident qu'ils feraient mieux de partir maintenant et de résoudre leurs problèmes une prochaine fois. D'autres choisissent de quitter la planète de façon spectaculaire, comme dans un accident de voiture ou d'avion.

Nous savons que nous pouvons guérir de pratiquement toutes les mal-êtres que nous avons créées. Et pourtant les gens utilisent le mal-être comme un moyen de partir quand leur heure est venue. Mourir de mal-être est en effet un moyen socialement acceptable de partir.

Peu importe comment et quand nous partons, je crois que c'est un choix de l'âme et qu'il a lieu au moment et à l'endroit parfaits. Notre âme nous permet de partir de la façon et au moment qui sont les meilleurs pour nous. Quand nous regardons la vie dans son ensemble, il est impossible pour nous de juger les méthodes choisies pour partir.

Vaincre la peur de la mort

J'ai remarqué que les gens qui éprouvent le plus de colère, de ressentiment et d'amertume semblent avoir le plus de difficultés avec la mort. Il y a souvent un combat, de la peur et de la culpabilité associés à leur mort. Ceux qui ont fait la paix avec eux-mêmes et qui ont compris la valeur du pardon pour eux-mêmes et pour les autres ont les morts les plus sereines. Ceux à qui on a appris « les flammes de l'enfer », par contre, sont terrifiés par la perspective du départ.

Si vous avez peur de quitter la planète, je vous encourage à lire un de ces nombreux livres qui traite des états de mort imminente. Le docteur Raymond Moody, dans *La vie après la vie*, et Bradley Dannion, dans *Saved by the Light*, ont révélé dans leurs travaux comment une brève rencontre avec la mort peut complètement changer notre perception de la vie et même nous ôter toute peur de mourir.

Donc, même s'il est important de savoir ce que nous croyons à propos des différents problèmes de la vie, il est aussi très important d'être très clair par rapport à ce que nous choisissons de croire à propos de la mort. Beaucoup de religions, en essayant de manipuler nos comportements en fonction de leurs règles, nous donnent des images terrifiantes de la mort et de la vie après la mort. Je crois sincèrement qu'il est très cruel de dire à quelqu'un qu'il brûlera en enfer pour l'éternité. C'est une pure manipulation. N'écoutez pas les gens qui vous font peur.

Donc, encore une fois, je suggère que vous dressiez une liste intitulée : « Ce que je crois à propos de la mort. » Énumérez toutes les choses qui vous viennent à l'esprit. Peu importe combien elles ont l'air bêtes, elle existent dans votre subconscient. Si vous avez de nombreux messages négatifs en vous, alors travaillez pour changer ces croyances. Méditez, étudiez, lisez et apprenez à créer pour vous-même une croyance positive qui vous aidera par rapport à la mort. Ce que nous croyons devient la vérité pour nous. Si vous croyez à l'enfer, vous irez probablement là-bas pendant quelque temps, jusqu'à ce que vous vous éveilliez à la vérité et changiez votre conscience. Je crois sincèrement que le paradis et l'enfer sont des états d'esprit et que nous pouvons les vivre tous les deux sur la Terre.

Craindre la mort interfère avec la vie. Pour vraiment vivre, il faut d'abord être en paix avec la mort.

Un temps pour vivre, un temps pour mourir

Il vient un moment dans la vie de chaque personne, où nous devons accepter que la mort est pour MAINTENANT. Je crois que nous devons être sereins avec ce moment, peu importe quand il se produit. Nous devons apprendre à accepter la mort afin de nous permettre de traverser cette expérience avec émerveillement et paix, au lieu d'en avoir peur.

Les gens ont habituellement des idées très arrêtées à propos du suicide et j'ai été critiquée à propos des miennes. Je pense que se suicider à cause d'un chagrin d'amour ou d'un autre problème dans la vie est stupide. Nous ratons l'opportunité d'apprendre et de grandir. Et si nous refusons la leçon cette fois-là, alors la leçon refera surface dans notre prochaine vie.

Vous souvenez-vous du nombre de fois où vous avez eu des problèmes et où vous ne saviez pas comment vous en débarrasser ? Et bien, vous l'avez fait, et vous êtes ici. Vous avez trouvé une solution. Qu'en serait-il si vous vous étiez suicidé ? Pensez à toutes les belles choses que vous auriez manquées.

D'un autre côté, il peut arriver que certaines personnes souffrent de douleurs physiques terribles qui ne peuvent être allégées. Elles sont si plongées dans un mal-être insupportable qu'elles ont passé le point de non-retour. J'ai vu cela tellement de fois avec le sida. Qui suis-je pour juger quelqu'un qui, dans ces circonstances, a choisi de mettre fin à ses jours ? Je crois que celui qu'on appelle le docteur de la mort, le docteur Jack Kervorkian, est un homme plein de compassion, qui aide les patients en phase terminale à mettre fin à leur vie avec dignité.

J'ai écrit ce qui suit pour un ami qui savait qu'il mourait. Je le réconfortais beaucoup à ce moment-là. Plusieurs fois durant la journée et la nuit, il voulait « s'installer confortablement pour un maximum de sérénité ». J'ai aussi utilisé ces mots pour de nombreuses autres personnes qui étaient en train de quitter la vie...

NOUS SOMMES TOUJOURS EN SÉCURITÉ

Nous sommes toujours en sécurité.
C'est seulement un changement.
À partir du moment où nous sommes nés, nous nous préparons à être
Embrassés par la Lumière encore une fois.
Installez-vous confortablement pour un Maximum de Sérénité.
Les anges vous entourent et vous guident à chaque étape sur la route.
Quoi que vous choisissiez, ce sera parfait pour vous.
Chaque chose arrivera au moment et à l'endroit parfaits.
Ceci est un moment pour la Joie et la Réjouissance.
Vous êtes en route pour la Maison, comme nous tous.

* * *

J'ai souvent pensé à ma mort comme à la FIN D'UNE PIÈCE.
Le rideau tombe.
Les applaudissements se terminent.
Je vais dans ma loge et je me démaquille.
Mon costume traîne sur le sol.
Mon rôle est terminé.
Nue, je marche vers l'entrée des artistes.
Alors que j'ouvre la porte, je tombe sur un visage souriant.
C'est mon nouveau metteur en scène, un nouveau texte

et un nouveau costume en main.
Je suis très heureuse de voir tous mes fidèles admirateurs
et mes amis m'attendre.
Les tendres applaudissements sont assourdissants.
Je suis accueillie avec plus d'amour que je n'en ai jamais eu.
Mon nouveau rôle promet d'être le plus excitant.

Je sais que la vie est toujours bonne.
Où que je sois, tout va bien.
Je suis en sécurité.
On se voit plus tard.
Bye !

* * *

JE VOIS AUSSI LA VIE COMME UN FILM

Dans chaque vie, nous arrivons toujours au milieu du film,
et nous partons toujours au milieu du film.
Il n'y a pas de bon moment ni de mauvais moment.
C'est seulement notre moment.
L'âme l'a choisi, longtemps avant que nous arrivions.
Nous sommes venus apprendre certaines leçons.
Nous sommes venus pour nous aimer.
Peu importe ce qu'« on » dit ou fait, nous sommes venus
pour nous chérir les uns les autres.

Quand nous apprenons la leçon de l'amour, nous pouvons
partir dans la joie. Nous n'avons pas besoin de souffrir.
Nous savons que la prochaine fois, selon où nous choisirons
de nous incarner, dans n'importe quelle scène, nous aurons
tout cet amour avec nous.

* * *

LE TUNNEL DE L'AMOUR

Notre Dernière Sortie est Libération, Amour et Paix.
Nous sommes libérés et nous entrons dans le tunnel.
Au bout du tunnel, nous trouvons seulement l'Amour.
L'amour, comme nous ne l'avons jamais connu avant.
Un Amour total, global, inconditionnel.
Et une Paix intérieure profonde.
Tous Ceux que nous avons aimés sont là, nous attendant dans la joie,
Attentionnés et prêts à nous guider.
Nous ne serons plus jamais seuls.

C'est le moment d'une grande réjouissance.
Le moment de passer en revue notre dernière incarnation,
affectueusement et seulement pour atteindre la Sagesse.

LES LARMES FONT DU BIEN, AUSSI !
Les larmes sont la rivière de la Vie.
Elles nous transportent avec de profondes expériences émotionnelles.

BONNE ASCENSION !
Vous savez que je vous rejoindrai en ce qui vous semblera
être un clin d'œil.

* * *

Une des dernières choses que mon ami m'a dite, c'est : « Est-ce que nous nous disons au revoir maintenant ? » Et j'ai répondu : « Pour cette vie-ci, oui. »

Voilà, c'était quelques-unes de mes idées sur la vie et la mort. Maintenant, c'est à votre tour d'en concevoir. Assurez-vous qu'elles soient réconfortantes et tendres.

L'ESSENCE DE LA VIE EST TOUJOURS AVEC NOUS

Je laisse facilement de côté mon passé et je fais confiance à l'évolution de la Vie. Je ferme la porte sur mes vieilles souffrances et je pardonne tout le monde, moi y compris. Je visualise un ruisseau devant moi. Je prends toutes ces vieilles expériences, les vieilles blessures et souffrances, et je les mets toutes dans l'eau. Je les regarde commencer à se dissoudre et à dériver en aval jusqu'à ce qu'elles se soient entièrement dissipées et qu'elles aient disparu. Je suis libre et tout le monde dans mon passé est libre. Je suis prêt à avancer dans les nouvelles aventures qui m'attendent. Les vies vont et viennent, mais je suis toujours éternel. Je suis vivant et énergique, peu importe ce qui m'arrive. L'amour m'entoure, maintenant et pour toujours. Qu'il en soit ainsi !

AIMEZ-VOUS ET AIMEZ VOTRE VIE !

101 puissantes pensées pour la VIE !

Les pensées que nous avons et les mots que nous disons changent sans cesse notre environnement et nos expériences. Beaucoup d'entre nous traînent avec eux une façon de penser négative et ne réalisent pas les dommages dont ils s'affligent. Toutefois, nous ne sommes jamais prisonniers, parce que nous pouvons toujours changer notre façon de penser. En apprenant à sans cesse choisir des pensées positives, les vieilles, les négatives, disparaissent.

Donc, en lisant les pensées puissantes qui suivent, laissez les affirmations et les idées nettoyer votre conscience. Votre esprit subconscient extraira celles qui sont importantes pour vous en ce moment. Ces concepts sont comme des engrais pour le sol de votre esprit. Alors que vous les absorbez par la répétition, vous enrichissez doucement les sédiments de votre jardin de vie. Tout ce que vous plantez croîtra abondamment. Je vous vois dynamique et en bonne santé, entouré d'une exquise beauté, vivant une vie d'amour et de prospérité, remplie de joie et de rires. Vous êtes sur la voie merveilleuse du changement et de la croissance. Jouissez de votre voyage.

1 *MA GUÉRISON EST DÉJÀ EN COURS*

Votre corps sait comment se guérir. Supprimez tout ce qui est mauvais pour vous. Puis, aimez votre corps. Nourrissez-le d'aliments et de boissons saines. Dorlotez-le. Respectez-le. Créez une atmosphère de bien-être. Permettez-lui de guérir.

Mon processus de guérison commence par ma volonté de pardonner. Je permets à l'amour issu de mon cœur de me nettoyer et de guérir chaque partie de mon corps. Je sais que je mérite de guérir.

2 *JE FAIS CONFIANCE À MA SAGESSE INTÉRIEURE*

Il y a un endroit en chacun de nous qui est complètement connecté à la sagesse infinie de l'Univers. À cet endroit se trouvent toutes les réponses à toutes les questions que nous nous sommes toujours posées. Apprenez à faire confiance à votre moi intérieur.

Alors que je m'occupe de mes affaires quotidiennes, j'écoute mes propres conseils. Mon intuition est toujours en ma faveur. Je lui fais confiance d'être là à chaque instant. Je suis en sécurité.

3 *JE SUIS PRÊT À PARDONNER*

Si nous restons enfermés dans un sentiment d'amertume qui nous satisfait, nous ne pouvons pas être libres. Même si nous ne savons pas exactement comment pardonner, nous pouvons être prêts à le faire. L'Univers répondra à notre bonne volonté et nous aidera à trouver la voie.

Pardonner à soi-même et aux autres me libère du passé. Le pardon est la réponse à presque tous les problèmes. Le pardon est un cadeau que je me fais. Je pardonne et je deviens libre.

4 *JE SUIS REMPLI PAR TOUT CE QUE JE FAIS*

Nous n'aurons jamais l'opportunité de revivre cette journée, alors nous devons savourer chaque moment. Il y a de la richesse et de l'abondance dans tout ce que nous faisons.

Chaque moment de la journée est spécial pour moi, car je suis mes instincts supérieurs et j'écoute mon cœur. Je suis en paix avec ce qui m'entoure.

5 *JE FAIS CONFIANCE AU DÉROULEMENT DE MA VIE*

Nous apprenons comment la Vie fonctionne. C'est comme apprendre l'informatique. Quand vous achetez un ordinateur, vous apprenez d'abord les principes de base – comment l'allumer et l'éteindre, comment ouvrir et enregistrer un document, comment l'imprimer. Et sur ce plan, votre ordinateur fait des merveilles pour vous. Et pourtant, il pourrait faire tellement plus si vous en appreniez davantage. C'est la même chose avec la Vie. Plus nous apprenons comment elle fonctionne, plus elle nous offre des moments magiques.

La Vie est un courant, elle est rythmée et j'en fais partie. La Vie m'aide et m'apporte seulement des expériences positives. Je fais confiance au déroulement de ma Vie pour m'apporter le meilleur.

6 JE VIS DANS UN ENDROIT PARFAIT

Notre espace de vie reflète toujours notre état de conscience. Si nous détestons l'endroit actuel où nous vivons, alors peu importe le lieu où nous déménageons, nous finirons par le détester aussi. Bénissez votre domicile actuel. Remerciez-le d'avoir répondu à vos besoins. Dites-vous que vous allez déménager et que de merveilleuses nouvelles personnes vont s'y installer. Laissez de l'amour quand vous déménagez et vous ressentirez l'amour dans votre prochain lieu de vie. Avant d'avoir trouvé ma maison actuelle, j'avais décidé que je voulais acheter une maison de personnes qui s'aimaient. Bien sûr, c'est exactement ce que j'ai trouvé. Ma maison est remplie des vibrations de l'amour.

Je me vois vivre dans un endroit merveilleux. Il remplit tous mes besoins et désirs. C'est un très bel emplacement, et son prix me convient parfaitement.

7 JE PEUX ME LIBÉRER DU PASSÉ ET PARDONNER À CHACUN

Il est possible que nous ne voulions pas laisser aller nos vieilles blessures, mais les garder en nous nous EMPRISONNE. Je laisse aller le passé, ce qui me permet d'enrichir le moment présent.

Je me libère, ainsi que les autres dans ma Vie, des vieilles souffrances du passé. Ils sont libres et je suis libre de vivre de nouvelles et magnifiques expériences.

8 LA PRISE DE POUVOIR SE PASSE TOUJOURS DANS LE MOMENT PRÉSENT

Peu importe depuis quand vous avez un problème, vous pouvez commencer à changer dès maintenant. En effet, en changeant votre façon de penser, votre Vie change aussi.

Le passé est révolu et n'a plus aucun pouvoir sur moi. Je peux commencer à me libérer immédiatement. Les pensées d'aujourd'hui créent mon avenir. Je suis responsable. Je reprends maintenant mon pouvoir. Je suis en sécurité et je suis libre.

9 JE SUIS EN SÉCURITÉ, CE N'EST QU'UN CHANGEMENT

Ce que nous croyons devient vrai. Plus nous faisons confiance à la Vie, plus la Vie est là pour nous.

Je traverse toutes les étapes avec joie et facilité. Le « vieux » laisse la place à de magnifiques expériences. Ma vie s'améliore tout le temps.

10 JE SUIS PRÊT À CHANGER

Nous voulons tous que notre Vie change et que les autres changent. Mais rien dans notre environnement ne changera à moins que nous soyons prêts à faire les changements en nous. Nous nous accrochons souvent si fort à nos habitudes et à nos croyances qu'elles ne nous servent plus d'une façon positive.

Je suis prêt à éliminer mes vieilles croyances négatives. Ce ne sont que des pensées qui se dressent sur ma route. Mes nouvelles pensées sont positives et satisfaisantes.

11 CE NE SONT QUE DES PENSÉES ET LES PENSÉES PEUVENT ÊTRE CHANGÉES

Même les pires scénarios que nous pouvons imaginer ne sont que des pensées. Nous pouvons facilement refuser de nous faire peur de cette façon. Vos pensées doivent être vos meilleures amies – des pensées qui transforment votre environnement d'une façon positive. Des pensées réconfortantes, affectueuses, amicales, drôles. Des pensées de sagesse et d'élévation spirituelle.

Je ne suis limité par aucune pensée du passé. Je choisis mes pensées avec soin. J'ai constamment de nouvelles idées et de nouvelles façons de regarder ce qui m'entoure. Je suis prêt à changer et à grandir.

12 *CHACUNE DE MES PENSÉES CRÉE MON AVENIR*

Il faut sans cesse être conscient de ses pensées, agir comme un chien de berger avec un troupeau de moutons. Si l'un d'eux s'égare, on le ramène. Si on remarque une pensée malveillante s'égarer, on la remplace vite et consciemment par une bonne pensée. L'Univers écoute toujours nos pensées et y répond. Il faut maintenir ce lien aussi clair et net que possible.

L'Univers aide chaque pensée que je choisis d'avoir et à laquelle je choisis de croire. J'ai des choix illimités à propos de ce que je pense. Je choisis l'équilibre, l'harmonie et la paix ; je les exprime dans ma Vie.

13 *PLUS DE BLÂME !*

Si nous nous mettons à la place d'une autre personne, nous comprenons pourquoi elle se comporte de telle ou telle manière. Nous avons tous été de magnifiques petits bébés, complètement ouverts et confiants en la Vie, avec beaucoup de qualités et d'estime de soi. Si nous ne sommes plus comme ça maintenant, c'est que quelque part en chemin, quelqu'un nous a appris autre chose. Nous ne pouvons pas désapprendre la négativité.

J'élimine le besoin de blâmer les autres, y compris moi-même. Nous faisons tous de notre mieux avec notre compréhension, notre connaissance et notre conscience.

14 JE METS DE CÔTÉ MES ATTENTES

Si nous n'avons pas d'attentes particulières, nous ne pouvons pas être déçus. Mais, si nous nous aimons et savons que c'est seulement le bon qui nous attend, alors peu importe ce qui arrive, parce que ce sera satisfaisant.

J'avance librement et avec amour dans la Vie. Je m'aime. Je sais que seul du bon m'attend.

15 JE VOIS CLAIR

Ne pas être disposé à « voir » certains aspects de notre vie peut obscurcir notre vision. Ce refus de voir est souvent une forme de protection. Les optométristes ne peuvent pas faire grand-chose pour guérir les problèmes de vue. Ils prescrivent seulement des verres de plus en plus forts. Une mauvaise alimentation peut aussi contribuer à une mauvaise vue.

J'élimine toutes les choses de mon passé qui obscurcissent ma vision. Je vois la perfection dans toute la Vie. Je suis prêt à pardonner. Je respire l'amour dans ma vision et je vois avec compassion et compréhension. Ce qui est clair en moi se reflète dans ma vision de l'extérieur.

16 JE SUIS EN SÉCURITÉ DANS L'UNIVERS ET LA VIE M'AIME ET ME SOUTIENT

Je promène cette affirmation dans mon portefeuille. Chaque fois que je cherche de l'argent, je vois : JE SUIS EN SÉCURITÉ DANS L'UNIVERS ET LA VIE M'AIME ET ME SOUTIENT. C'est un bon pense-bête pour se rappeler ce qui est vraiment important dans la Vie.

Je respire l'abondance et la richesse dans ma Vie. J'observe avec joie combien la Vie m'aide et me soutient encore plus que je ne pourrais l'imaginer.

17 MA VIE EST UN MIROIR

Chaque personne dans ma Vie est le miroir d'une partie de moi. Les gens que j'aime reflètent les aspects affectifs de moi-même. Les gens que je n'aime pas reflètent ces parties de moi qui doivent guérir. Chaque expérience dans la Vie est une opportunité de grandir et de guérir.

Les gens dans ma Vie sont vraiment des miroirs de ce que je suis. Ceci m'offre l'opportunité de grandir et de changer.

18 J'ÉQUILIBRE MES CÔTÉS MASCULIN ET FÉMININ

Nous avons tous des aspects masculins et féminins. Quand ils sont en équilibre, nous formons un tout. L'homme qui est complètement macho n'est pas en contact avec son côté intuitif. Et une femme fragile et aux côtés féminins très développés n'exprime pas son côté fort et intelligent. Nous avons tous besoin des deux côtés.

Mes parties masculines et féminines sont parfaitement équilibrées et en harmonie. Je suis en paix et tout va bien.

19 LA LIBERTÉ EST MON DROIT DIVIN

Nous avons été mis sur la planète avec une liberté de choix totale. Et nous faisons ces choix avec notre esprit. Aucune personne, endroit ou chose ne peut penser pour nous si nous ne le lui permettons pas. Nous sommes les seules personnes qui pensons dans notre esprit. Dans notre esprit, nous avons une liberté totale. Ce que nous choi-

sissons de penser et de croire peut changer les circonstances courantes de façon incroyable.

Je suis libre d'avoir des pensées merveilleuses. Je passe des limites de mon passé à la liberté. Je suis maintenant la personne que je devais être quand j'ai été créé.

20 *J'ÉLIMINE TOUTES MES PEURS ET TOUS MES DOUTES*

Les peurs et les doutes sont uniquement des mécanismes à retardement, qui nous empêchent d'avoir le bonheur que nous disons vouloir dans nos vies. Alors, laissez-les aller.

Je choisis maintenant de me libérer de toutes mes peurs et de mes doutes destructeurs. Je m'accepte et je crée la paix dans mon esprit et dans mon cœur. Je suis aimé et je suis en sécurité.

21 *LA SAGESSE DIVINE ME GUIDE*

Beaucoup trop de gens parmi nous ne sont pas conscients de leur sagesse intérieure, qui est toujours de leur côté. Nous ne prêtons pas attention à notre intuition, puis nous nous demandons pourquoi la Vie se passe mal. Apprenez à écouter votre voix intérieure. Vous savez exactement quoi faire.

Je suis toujours guidé pour faire les bons choix. L'Intelligence Divine me conseille dans la réalisation de mes buts. Je suis en sécurité.

22 *J'AIME LA VIE*

Chaque matin quand je me réveille, je fais l'expérience d'une autre belle journée – une journée que je n'ai jamais vécue avant. Elle aura ses propres expériences. Je suis content d'être en vie.

C'est mon droit de vivre pleinement et librement. Je donne à la Vie exactement ce que je veux que la Vie me donne. Je suis content d'être en vie. J'aime la Vie !

23 *J'AIME MON CORPS*

Je suis tellement enchanté de vivre dans mon corps merveilleux. Il m'a été donné pour être utilisé pendant toute ma Vie et je le chéris et prends soin de lui. Mon corps est précieux pour moi. J'aime chaque centimètre de lui, à l'intérieur comme à l'extérieur, que je vois et que je ne vois pas, chaque organe et chaque glande, chaque muscle et chaque os, chaque cellule. Mon corps répond à cette attention affectueuse en me donnant santé et vie.

Je crée la sérénité dans mon esprit et mon corps reflète cette paix en me donnant une santé parfaite.

24 *JE TRANSFORME CHAQUE EXPÉRIENCE EN OCCASION*

Quand je vis un problème, et nous en avons tous, je dis immédiatement : SANS CETTE SITUATION, TOUT IRAIT BIEN. CELA PEUT FACILEMENT SE RÉSOUDRE AVEC CE QUI ARRIVERA DE MEILLEUR. TOUT VA BIEN ET JE SUIS EN SÉCURITÉ. Je répète cette affirmation encore et encore. Ça me calme et permet à l'Univers de trouver la meilleure solution. Je suis souvent contente de voir combien le problème peut rapidement être résolu d'une façon qui arrange tout le monde.

Chaque problème a une solution. Toutes les expériences sont des occasions pour moi d'apprendre et de grandir. Je suis en sécurité.

25 *JE SUIS EN PAIX*

Profondément ancrée au centre de mon être se trouve une grande paix. Comme un lac de montagne profond et serein. Personne, aucun endroit ou chaos extérieur ne peut me toucher quand je suis dans cette zone. Dans cette zone, je suis calme. Je pense clairement. Je reçois des idées divines. Je suis parfaitement paisible.

La paix divine et l'harmonie m'entourent et m'enveloppent. Je ressens de la tolérance, de la compassion et de l'amour pour tout le monde, moi y compris.

26 *JE SUIS FLEXIBLE ET JE FLOTTE*

La vie est une série de changements. Ceux parmi nous qui sont rigides et inflexibles dans leur façon de penser cassent quand les vents du changement soufflent. Mais ceux parmi nous qui sont des saules plient facilement et s'adaptent aux nouveaux changements. Si nous refusons de changer, la Vie passe devant et nous restons derrière. Avoir un corps flexible est plus confortable, tout comme un esprit flexible est plus agréable.

Je suis ouvert à la nouveauté et au changement. Chaque moment présente une nouvelle opportunité merveilleuse pour devenir plus soi-même. Je flotte avec la Vie facilement et sans effort.

27 *JE VAIS MAINTENANT AU-DELÀ DE LA PEUR ET DES LIMITATIONS DES AUTRES*

Je ne suis pas les peurs de ma mère et ses limitations, ni celles de mon père. Je ne suis même pas mes propres peurs et limitations. Ce sont seulement des pensées fausses qui ont été placées autour de mon esprit. Je peux les effacer aussi facilement que je peux nettoyer une fenêtre sale. Quand la fenêtre de mon esprit est propre, je peux clairement voir les pensées négatives pour ce qu'elles sont et je peux choisir de les éliminer.

C'est « mon » esprit qui crée mes expériences. Ma capacité à créer le bien dans ma vie est illimitée.

28 *JE MÉRITE L'AMOUR*

On nous a souvent appris l'amour conditionnel. Nous croyons donc que nous avons besoin de gagner l'amour. Nous croyons que nous ne sommes pas aimables si nous n'avons pas un bon travail, de bonnes relations ou un corps comme celui des mannequins. C'est un non-sens. Nous n'avons pas à gagner le droit de respirer. C'est Dieu qui nous l'a donné, parce que nous existons. Donc, il en est de même pour le droit d'aimer et d'être aimé. Le fait que nous existons signifie que nous méritons l'amour.

Je n'ai pas à gagner l'amour. Je suis aimable parce que j'existe. Les autres reflètent l'amour que j'ai pour moi.

29 *MES PENSÉES SONT CRÉATIVES*

J'ai appris à aimer mes pensées ; elles sont mes meilleures amies.

Dites « Dehors ! » à chaque pensée négative qui vous vient à l'esprit. Personne, aucun endroit ou chose n'a de pouvoir sur moi, car je suis le seul penseur dans mon esprit. Je crée ma propre réalité et tout ce qui est dedans.

30 *JE SUIS EN PAIX AVEC MA SEXUALITÉ*

Je crois que dans nos nombreuses vies, nous expérimentons toutes sortes de sexualités. Nous sommes tour à tour homme et femme, hétérosexuel et homosexuel. Parfois, la société a approuvé notre sexualité, parfois non. Notre sexualité a toujours été une expérience enrichissante, tout comme dans cette vie. Pourtant, notre âme n'a pas de sexualité et nous le savons.

Je me réjouis de ma sexualité et de mon corps. Mon corps est parfait pour moi dans cette vie. Je m'embrasse avec amour et compassion.

31 JE SUIS EN PAIX AVEC MON ÂGE

Pour moi, on est toujours maintenant. Oui, les nombres s'additionnent avec le temps. Mais je me sens aussi jeune ou vieille que je choisis de me sentir. Il y a des gens de 20 ans qui sont vieux et d'autres de 90 ans qui sont jeunes. Je sais que je suis arrivée sur cette planète pour expérimenter chaque âge et ils ont tous du bon. Chaque changement d'âge survient facilement, alors que je lui permets d'arriver. Je garde mon esprit en bonne santé et heureux, tout comme mon corps. Je suis en paix à chaque instant et j'attends avec impatience chaque merveilleux jour à venir.

Chaque âge a ses propres joies et expériences. J'ai toujours l'âge parfait pour l'endroit où je me situe dans la Vie.

32 LE PASSÉ EST RÉVOLU

Je ne peux pas remonter le temps sauf dans mon esprit. Je peux choisir de revivre la journée d'hier si je veux. Mais revivre hier exclut les précieux moments d'aujourd'hui – des moments qui ne peuvent pas être récupérés. Donc, je laisse hier de côté et je porte toute mon attention vers le moment présent. C'est mon moment particulier et je m'en réjouis.

Ceci est une nouvelle journée. Une journée que je n'ai encore jamais vécue. Je reste dans le Maintenant et j'apprécie chacun de ses moments.

33 J'ÉLIMINE TOUTE CRITIQUE

Les gens qui sont satisfaits et qui jugent sont ceux qui s'aiment le moins. Parce qu'ils refusent de se changer, ils pointent du doigt tous les autres. Ils voient le mauvais partout. Parce qu'ils sont très critiques, ils attirent beaucoup la critique. Une des plus grandes décisions que vous pouvez prendre pour votre croissance spirituelle est de complètement éliminer la critique – des autres, et par-dessus tout, de vous. Nous avons toujours le choix de nos pensées, qu'elles soient bonnes, mauvaises ou neutres. Plus nos pensées seront bonnes et tendres, plus nous nous attirerons la bonté et l'amour dans nos vies.

Je donne seulement ce que j'aimerais recevoir en retour. Mon amour et mon acceptation des autres est mon reflet à chaque instant.

34 JE SUIS PRÊT À LAISSER ALLER

Je sais que chaque personne a un guide et une sagesse divine en soi, donc je n'ai pas à vivre leur vie pour eux. Je ne suis pas ici pour contrôler les autres. Je suis ici pour guérir ma propre Vie. Les gens entrent dans ma Vie au bon moment. Nous partageons le temps que nous sommes censés passer ensemble, puis, au moment approprié, ils partent. Je les laisse aller avec amour.

Je laisse les autres expérimenter tout ce qui a du sens pour eux et je suis libre de faire ce qui en a pour moi.

35 JE VOIS MES PARENTS COMME DE PETITS ENFANTS QUI ONT BESOIN D'AMOUR

Quand nous avons des problèmes avec nos parents, nous oublions souvent qu'ils ont aussi été des bébés innocents. Qui leur a appris à être blessants ? Comment pouvons-nous les aider à guérir leur souffrance ? Nous avons tous besoin d'amour et d'être guéris.

J'ai de la compassion pour l'enfance de mes parents. Je sais maintenant que je les ai choisis parce qu'ils étaient parfaits pour ce que j'avais à apprendre. Je les pardonne, les libère et me libère moi-même.

36 MA MAISON EST UN HAVRE DE PAIX

Les maisons qui sont aimées et appréciées dégagent de l'amour. Même si vous êtes là pendant peu de temps, soyez sûr que vous imprégnez les pièces d'amour. Et si vous avez un garage, mettez-y de l'amour, aussi, et gardez-le propre et bien rangé. Mettez une affiche ou quelque chose d'attirant, pour que dès que vous arrivez à la maison, votre première pensée soit associée à la beauté.

Je bénis ma maison avec amour. Je mets de l'amour dans tous les coins et ma maison y répond affectueusement, avec chaleur et réconfort. Je suis en paix.

37 QUAND JE DIS « OUI » À LA VIE, LA VIE ME DIT « OUI »

La Vie vous a toujours dit « oui », même quand vous avez créé du négatif. Maintenant que vous êtes conscient des lois de la Vie, vous pouvez choisir de créer votre avenir de façon positive.

La Vie reflète chacune de mes pensées. En ayant des pensées positives, la Vie ne m'apporte que de bonnes expériences.

38 IL Y A DE L'ABONDANCE POUR TOUT LE MONDE, Y COMPRIS MOI

Il y a tellement de nourriture sur cette planète que nous pouvons nourrir tout le monde. Oui, il y a des gens qui meurent de faim, mais ce n'est pas à cause du manque de nourriture, c'est à cause du manque d'amour qui permet que cela arrive. Il y a tant d'argent et de personnes riches dans le monde – beaucoup plus que vous ne le pensez. Si l'argent était distribué en parts égales, en un mois ou à peu près, ceux qui ont de l'argent maintenant en auraient davantage, et ceux qui sont pauvres maintenant seraient de nouveau pauvres. En effet, la richesse doit se gagner avec conscience et mérite. Des milliards de personnes vivent sur cette planète, pourtant vous entendrez les gens dire qu'ils sont seuls. Si nous ne le cherchons pas, l'amour ne peut pas nous trouver. Alors, en affirmant ma valeur personnelle et mon mérite, ce dont j'ai besoin m'arrive au moment et à l'endroit parfaits.

L'Océan de la Vie est riche. Tous mes besoins et mes désirs se réalisent avant même que je le demande. Le bien m'arrive de partout, de tout le monde et de toutes les choses.

39 *TOUT EST BEAU DANS MON ENVIRONNEMENT*

Ma vie a toujours très bien fonctionné, seulement je ne le savais pas. Je n'avais pas réalisé que chaque événement négatif dans mon environnement était ce que la Vie me renvoyait de mon système de croyances. Maintenant que je suis conscient, je peux consciemment programmer ma façon de penser pour avoir une Vie qui fonctionne à tous les niveaux.

Tout dans ma Vie fonctionne, maintenant et pour toujours.

40 *MON TRAVAIL EST PROFONDÉMENT SATISFAISANT*

Quand nous apprenons à aimer ce que nous faisons, la Vie voit que nous avons toujours des occupations intéressantes et créatives. Si vous êtes prêt émotionnellement et mentalement pour la prochaine étape de la Vie, la Vie vous aidera. Donnez votre meilleur à la Vie aujourd'hui.

Je fais ce que j'aime et j'aime ce que je fais. Je sais que je travaille toujours au bon endroit, avec les bonnes personnes et que j'apprends toutes les leçons précieuses que mon âme a besoin d'apprendre.

41 *LA VIE ME SOUTIENT*

Quand vous suivez les lois de la Vie, la Vie vous soutient abondamment.

La Vie m'a créé pour être satisfait. Je fais confiance à la Vie et la Vie est toujours là pour moi. Je suis en sécurité.

42 *MON AVENIR EST GLORIEUX*

Notre avenir représentera toujours nos pensées actuelles. Ce que vous pensez et dites maintenant crée votre avenir. Donc, ayez de belles pensées et vous aurez un bel avenir.

Je vis maintenant dans un amour, une lumière et une joie sans limites. Tout va bien dans mon environnement.

43 *J'OUVRE DE NOUVELLES PORTES À LA VIE*

Alors que je déambule dans le couloir de la Vie, je vois des portes de chaque côté. Chacune s'ouvre sur une nouvelle expérience. Plus je me débarrasse des façons de penser négatives de mon esprit, plus je trouve des portes qui s'ouvrent seulement sur de belles expériences. La clarté de ma façon de penser m'apporte le meilleur de ce que la Vie a à offrir.

J'apprécie ce que j'ai, et je sais que de nouvelles expériences m'attendent toujours. J'accueille la nouveauté à bras ouverts. Je fais confiance à la vie d'être merveilleuse.

44 JE REVENDIQUE MON POUVOIR ET JE CRÉE AFFECTUEUSEMENT MA PROPRE RÉALITÉ

Personne ne peut le faire pour vous. Vous seul pouvez créer vos propres déclarations dans votre esprit. Si vous donnez votre pouvoir aux autres, alors vous n'en avez plus. Quand vous revendiquez votre pouvoir, il est à vous. Utilisez-le prudemment.

Je demande plus de compréhension, pour que je puisse constituer sciemment et affectueusement mon environnement et mes expériences.

45 JE CRÉE MAINTENANT UN NOUVEL EMPLOI MERVEILLEUX

Bénissez votre emploi actuel avec amour et laissez-le avec amour à la prochaine personne qui occupera votre place, en sachant que vous entrez dans un nouveau niveau de Vie. Ayez des affirmations claires et positives pour votre nouvelle place. Et sachez que vous méritez le meilleur.

Je suis complètement ouvert et réceptif à un nouveau poste merveilleux, qui utilise mes talents et mes capacités créatives, avec et pour des gens que j'aime, dans un endroit magnifique et où je gagne bien ma vie.

46 TOUT CE QUE JE TOUCHE EST UN SUCCÈS

Nous avons toujours le choix de penser à la pauvreté ou à la prospérité. Quand nous avons des pensées de manque et de limitations, alors c'est ce que nous expérimenterons. Vous ne pouvez pas devenir prospère si votre façon de penser est pauvre. Pour avoir du succès, vous devez sans cesse avoir des pensées de prospérité et d'abondance.

J'établis maintenant une nouvelle conscience de succès. Je sais que je peux être aussi prospère que je prépare mon esprit à l'être. J'avance dans le Cercle Gagnant. Des opportunités en or sont partout autour de moi. La prospérité est attirée vers moi.

47 JE SUIS OUVERT ET RÉCEPTIF À DE NOUVELLES SOURCES DE REVENUS

Quand nous sommes ouverts et réceptifs, la Vie trouve de nouvelles manières de nous apporter des revenus. Alors que nous savons et affirmons que nous méritons le meilleur, la source infinie nous ouvrira de nouvelles voies. Nous limitons souvent notre bonheur en croyant en un revenu qui stagne ou en d'autres préjugés. Ouvrir notre conscience ouvre les banques du paradis.

Je reçois maintenant ce qui est bon, de sources attendues et inattendues. Je suis un être illimité, accepté d'une source illimitée, de façon illimitée. Je suis béni au-delà de mes rêves les plus fous.

48 JE MÉRITE LE MEILLEUR ET J'ACCEPTE LE MEILLEUR MAINTENANT

La seule chose qui nous empêche d'accéder au bonheur dans la Vie, c'est quand nous ne croyons pas le mériter. À un moment de notre enfance, nous avons appris que nous ne méritions rien de bien, et nous y avons cru. Maintenant, il est temps d'éliminer cette croyance.

Je suis mentalement et émotionnellement équipé pour apprécier une Vie de prospérité et d'amour. C'est mon droit de mériter tout ce qu'il y a de bien. Je revendique le bonheur.

49 LA VIE EST SIMPLE ET FACILE

Les lois de la Vie sont simples, voire trop simples, car beaucoup de gens veulent compliquer les choses. VOUS RÉCOLTEZ CE QUE VOUS SEMEZ. CE QUE VOUS CROYEZ À PROPOS DE VOUS ET DE LA VIE DEVIENT VOTRE VÉRITÉ. C'est si simple.

Tout ce que j'ai besoin de savoir, à chaque moment, m'est révélé. Je me fais confiance et je fais confiance à la Vie. Tout va bien.

50 JE SUIS COMPLÈTEMENT EN HARMONIE AVEC TOUTES LES SITUATIONS

Sachez que vous êtes beaucoup plus que vous le pensez. Vous êtes protégé par le divin. Vous êtes connecté avec l'infinie sagesse. Vous n'êtes jamais seul. Vous avez tout ce dont vous avez besoin. Bien sûr, vous êtes en harmonie avec toutes les situations.

Je fais un avec le pouvoir et la sagesse de l'Univers. Je revendique ce pouvoir et il est facile pour moi de me défendre.

51 J'ÉCOUTE AVEC AMOUR LES MESSAGES DE MON CORPS

Au premier signe de la moindre mal-être dans votre corps, au lieu de donner de l'argent aux compagnies pharmaceutiques, asseyez-vous, fermez les yeux, prenez trois grandes respirations et allez vers l'intérieur en demandant : QU'EST-CE QUE JE DOIS SAVOIR ? En effet, votre corps essaie de vous dire quelque chose. Si vous courez chez le médecin, vous êtes, en fait, en train de dire à votre corps de SE TAIRE ! S'il vous plaît, écoutez votre corps ; il vous aime.

Mon corps travaille toujours pour une santé optimale. Il veut être intact et en bonne santé. Si je coopère, je serai en bonne santé et intact.

52 *J'EXPRIME MA CRÉATIVITÉ*

Tout le monde a une créativité en lui. C'est un acte dirigé vers soi de prendre le temps d'exprimer cette créativité, peu importe ce qu'elle est. Si nous croyons que nous sommes trop occupés pour prendre le temps, nous abandonnons une partie très satisfaisante de nous-mêmes.

Mes seuls talents et capacités créatifs circulent en moi et sont exprimés de façon très satisfaisante. Ma créativité est toujours en demande.

53 *JE SUIS EN PHASE DE CHANGEMENT POSITIF*

Nous sommes toujours en phase de changement. J'ai l'habitude de faire beaucoup de changements négatifs ; maintenant, comme j'ai appris à éliminer les vieilles habitudes, mes changements sont positifs.

Je m'accomplis de façon satisfaisante. Seul le bien peut m'arriver. J'exprime maintenant la santé, le bonheur, la prospérité et la paix de l'esprit.

54 *J'ACCEPTE MON CARACTÈRE UNIQUE*

Aucun flocon de neige n'est identique, ni aucune pâquerette. Chaque personne est une perle rare, avec des talents et des capacités uniques. Nous nous limitons quand nous essayons de ressembler à quelqu'un d'autre. Réjouissez-vous de votre caractère unique.

Il n'y a pas de compétition ou de comparaison, car nous sommes tous différents et c'est bien comme ça. Je suis spécial et merveilleux. Je m'aime.

55 *TOUTES MES RELATIONS SONT HARMONIEUSES*

Je vois seulement l'harmonie autour de moi. Je contribue volontairement à l'harmonie que je désire. Ma Vie est une joie.

Quand nous créons l'harmonie dans notre esprit et dans notre cœur, nous la retrouvons toujours dans notre vie. L'intérieur crée l'extérieur. Toujours.

56 *IL EST SAIN DE REGARDER VERS L'INTÉRIEUR*

Nous avons souvent peur de regarder vers l'intérieur parce que nous pensons que nous allons trouver un être terrible. Mais en dépit de ce qu'« on » a pu nous dire, ce que nous trouverons, c'est un magnifique enfant qui a envie de notre amour.

Alors que j'évolue au milieu des opinions et des croyances des autres, je vois en moi un être magnifique, sage et merveilleux. J'aime ce que je vois en moi.

57 *JE VIS DE L'AMOUR PARTOUT OÙ JE VAIS*

Ce que nous donnons nous revient, décuplé. La meilleure façon de recevoir de l'amour est d'en donner. L'amour peut signifier l'acceptation et le soutien, le réconfort et la compassion, la gentillesse et la douceur. Je veux assurément vivre dans un monde qui a ces qualités.

L'amour est partout et j'aime et suis aimable. Des gens affectueux remplissent ma Vie et j'exprime facilement mon amour aux autres.

58 *AIMER LES AUTRES EST FACILE QUAND JE M'AIME ET QUE JE M'ACCEPTE*

Nous ne pouvons pas vraiment aimer les autres à moins de nous aimer nous-mêmes. Autrement, ce que nous appelons amour est en fait de la dépendance affective. Personne ne peut suffisamment vous aimer si vous ne vous aimez pas vous-même. Vous entendrez toujours des choses comme : M'AIMES-TU VRAIMENT ? Et il n'y a aucun moyen de satisfaire quelqu'un qui ne s'aime pas. Il y aura des silences boudeurs et de la jalousie. Alors, apprenez à vous aimer et vous aurez une Vie d'amour.

Mon cœur est ouvert. Je permets à l'amour de circuler librement. Je m'aime. J'aime les autres et les autres m'aiment.

59 JE SUIS BEAU ET TOUT LE MONDE M'AIME

J'utilise cette affirmation souvent quand je vais en ville. Même si les gens ne m'entendent pas, il est merveilleux de voir comment la plupart me répondent par des sourires. Essayez-le. Cette affirmation peut vraiment vous faire passer une bonne journée quand vous sortez.

Je suis de nature accueillante et profondément aimé par les autres. L'amour m'entoure et me protège.

60 JE M'AIME ET JE M'APPROUVE

De l'autoappréciation découle seulement le bien. Nous ne parlons pas de vanité ou de fierté ici, car ce sont uniquement des expressions de la peur. S'aimer soi-même signifie chérir et apprécier le miracle que vous êtes. Vous avez de la valeur et du mérite. VOUS êtes amour !

J'apprécie tout ce que je fais. Je suis bien comme je suis. Je m'exprime pour moi. Je demande ce que je veux. Je revendique mon pouvoir.

61 JE SUIS UNE PERSONNE DÉCIDÉE

Il est très sain de prendre des décisions. Prenez-les avec autorité. Si une décision se révèle mauvaise, prenez-en une autre. Apprenez à aller vers l'intérieur et faites une courte méditation quand vous avez besoin d'une solution. Vous avez toutes les réponses en vous. Exercez-vous à aller souvent en vous et vous aurez une bonne et solide connexion avec votre sagesse intérieure.

Je fais confiance à ma sagesse intérieure et je prends facilement des décisions.

62 JE SUIS TOUJOURS EN SÉCURITÉ QUAND JE VOYAGE

Vous créez votre conscience de la sécurité, et bien sûr, elle vous suivra partout – peu importe quel moyen de transport vous utilisez.

Peu importe le moyen de transport que je choisis, je suis en sécurité.

63 MON NIVEAU DE COMPRÉHENSION CROÎT SANS CESSE

Quand nous comprenons davantage la Vie, nous expérimentons davantage ses merveilles. Les gens qui ont une Vie limitée ont une compréhension très limitée. Ils voient les choses en noir et blanc, et ils sont habituellement motivés par la peur et la culpabilité. Laissez votre compréhension se développer et vous aurez une vision plus large et plus compatissante de la Vie.

Chaque jour, je demande à mon Moi Supérieur la capacité d'approfondir ma compréhension de la Vie et de me faire aller au-delà des jugements hâtifs et des préjugés.

64 *J'ACCEPTE MAINTENANT LE PARFAIT PARTENAIRE*

Écrivez toutes les qualités que vous recherchez chez votre partenaire idéal, puis vérifiez pour être sûr que vous possédez ces qualités, vous aussi. Vous pouvez avoir besoin de faire quelques changements intérieurs avant de rencontrer la bonne personne.

L'Amour Divin m'amène maintenant, et me maintient dans une relation amoureuse avec mon parfait partenaire.

65 *LA SÉCURITÉ EST MIENNE, MAINTENANT ET POUR TOUJOURS*

Nos systèmes de croyances sont toujours apparents dans nos expériences. Comme nous créons la sécurité dans nos esprits, nous la retrouvons dans notre environnement. Les affirmations positives créent une Vie positive.

Tout ce que j'ai et tout ce que je suis est sécuritaire. Je vis et je me déplace dans un environnement sécuritaire.

66 *LE MONDE EST EN VOIE DE GUÉRISON MAINTENANT*

Chacun d'entre nous contribue constamment au chaos du monde ou à la paix dans le monde. Chaque pensée méchante, dénuée d'amour, négative, de peur, qui juge sans cesse, ou avec des préjugés contribue à l'atmosphère qui produit les tremblements de terre, les inondations, la sécheresse, les guerres et les autres désastres. D'un autre côté, chaque pensée aimante, gentille, pacifique et rassurante contribue à une atmosphère qui produit du bien-être et guérit tout. À quelle sorte de monde voulez-vous contribuer ?

Chaque jour, j'imagine notre monde pacifique, intact et guéri. Je vois chaque personne être bien nourrie, habillée et logée.

67 JE BÉNIS NOTRE GOUVERNEMENT AVEC AMOUR

Notre croyance en un gouvernement négatif ne produit que ça. Faites des affirmations positives pour notre gouvernement, chaque jour.

J'affirme que chaque personne de notre gouvernement est bonne, honnête, honorable et travaille sincèrement pour améliorer la vie de tous.

68 J'AIME MA FAMILLE

J'ai vu des centaines de familles séparées se réunir avec amour en faisant cette affirmation quotidiennement pendant trois ou quatre mois. Quand nous sommes séparés de notre famille, nous renvoyons souvent beaucoup d'énergie négative. Cette affirmation y met fin et ouvre la porte à des sentiments affectifs.

J'ai une famille aimante, unie, joyeuse et en bonne santé ; nous avons une excellente communication.

69 MES ENFANTS SONT PROTÉGÉS PAR LE DIVIN

Si nous avons peur pour nos enfants, ils nous donnent souvent de quoi nous inquiéter. Nous voulons que nos enfants se sentent libres et en sécurité dans l'atmosphère mentale avec laquelle nous les entourons. Alors, faites toujours des affirmations positives pour vos enfants quand vous êtes séparés.

La sagesse divine réside en chacun de mes enfants et ils sont joyeux, en sécurité, partout où ils vont.

70 J'AIME TOUTES LES CRÉATURES DE DIEU – LES PETITS COMME LES GRANDS ANIMAUX

Chaque créature, insecte, oiseau et poisson a sa propre place dans la Vie. Les animaux sont tout aussi importants que nous.

Je communique facilement et affectueusement avec tous les êtres vivants et je sais qu'ils méritent notre amour et notre protection.

71 *J'AIME L'EXPÉRIENCE DE LA NAISSANCE*

Pendant les neuf premiers mois avant la naissance, parlez et communiquez avec votre bébé. Préparez-vous à l'expérience de la naissance, car c'est une expérience d'amour facile pour vous. Voyez la naissance de votre bébé de la façon la plus positive possible pour que vous puissiez coopérer avec les autres en les aidant. Les enfants à naître aiment entendre leur mère chanter pour eux et ils aiment aussi la musique.

Le miracle de la naissance est un processus normal et naturel, et je le traverse facilement, sans efforts et avec amour.

72 *J'AIME MON BÉBÉ*

Je crois que nous choisissons nos parents et nos enfants sur le plan de l'âme. Nos enfants viennent pour nous apprendre quelque chose et nous pouvons beaucoup apprendre d'eux. Mais le plus important est que cet amour peut être partagé.

Mon bébé et moi avons une relation joyeuse, affective et pacifique. Nous formons une famille heureuse.

73 *MON CORPS EST SOUPLE*

Garder mon esprit souple et agile reflète la flexibilité de mon corps. La seule chose qui nous garde rigides est la peur. Quand nous savons vraiment que nous sommes protégés par le divin et en sécurité, nous pouvons nous détendre et avancer sans efforts dans la Vie. Soyez sûr d'inclure des moments de danse dans votre horaire.

De l'énergie qui guérit circule constamment dans chaque organe, articulation et cellule. Je me déplace facilement et sans efforts.

74 JE SUIS CONSCIENT

Plusieurs fois par jour, faites une pause et dites : JE SUIS CONSCIENT ! Puis, prenez une profonde respiration et notez combien vous devenez encore plus conscient. Il y a toujours plus à expérimenter.

J'élève constamment ma conscience de moi-même, de mon corps et de ma Vie. La conscience me donne la force d'être responsable.

75 J'AIME L'EXERCICE

J'espère vivre longtemps et je veux courir, danser et être souple jusqu'à mon dernier jour. Mes os se renforcent quand je fais de l'exercice et j'ai trouvé de nombreuses façons d'aimer le sport. Le sport nous maintient actifs dans la Vie.

L'exercice aide à rester jeune et en santé. Mes muscles aiment bouger. Je suis une personne bien en vie.

76 LA PROSPÉRITÉ EST MON DROIT DIVIN

Beaucoup de gens sont en colère quand ils entendent que l'ARGENT EST LA CHOSE LA MOINS FACILE À EXPLIQUER. C'est pourtant vrai. Nous devons d'abord éliminer nos réactions et nos croyances négatives par rapport à l'argent. J'ai trouvé qu'il était plus facile d'animer un atelier sur la sexualité que sur l'argent. Les gens deviennent en effet très en colère quand leurs croyances sur l'argent sont contestées. Les gens qui veulent de l'argent sont ceux qui s'ac-

crochent le plus à leurs croyances. Quelle est votre croyance négative à propos de l'argent qui vous empêche d'en avoir ?

Je mérite et j'accepte volontiers une grande prospérité dans ma Vie. Je donne et je reçois joyeusement et affectueusement.

77 *JE SUIS CONNECTÉ AVEC LA SAGESSE DIVINE*

Il y a toujours une réponse à chaque question. Une solution à chaque problème. Nous ne sommes jamais perdus, seuls ou abandonnés dans la Vie, car nous avons cette infinie sagesse, ce guide intérieur, constamment en nous. Apprenez à lui faire confiance et vous vous sentirez en sécurité toute votre Vie.

Je vais quotidiennement à l'intérieur pour me connecter avec la sagesse de l'Univers. Je suis constamment mené et guidé dans des voies qui sont pour le mieux et ma plus grande joie.

78 *AUJOURD'HUI, JE REGARDE LA VIE AVEC UN NOUVEAU REGARD*

Quand des gens qui ne sont pas de ma ville viennent me rendre visite, ils m'aident toujours à voir mon quotidien avec un nouveau regard. Nous pensons que nous avons tout vu, et pourtant, nous ne voyons pas ce qui est proche de nous. Dans mes méditations matinales, je demande à voir plus et à comprendre davantage la journée présente. Mon monde est infiniment plus grand que ce que j'en connais.

Je suis prêt à voir la Vie d'une façon nouvelle et différente, à remarquer des choses que je n'ai jamais remarquées auparavant. Un nouveau monde attend ma nouvelle vision.

79 JE SUIS EN ACCORD AVEC AUJOURD'HUI

En chacun de nous se trouve l'intelligence de comprendre et d'utiliser toutes les nouvelles et excitantes merveilles électroniques qui emplissent nos vies. Et si nous avons de la difficulté à programmer notre magnétoscope ou notre ordinateur, tout ce que nous avons à faire, c'est de demander à un enfant. Tous les enfants d'aujourd'hui connaissent l'électronique. Comme il a déjà été dit : « Et les petits enfants nous guideront. »

Je suis ouvert et réceptif à ce qui est nouveau dans la Vie. Je suis prêt à comprendre les magnétoscopes et les ordinateurs et les autres merveilles électroniques.

80 JE MAINTIENS MON POIDS SANTÉ

La mauvaise alimentation contribue à nous rendre malades et à nos problèmes de poids. Quand nous recherchons la SANTÉ et supprimons la viande rouge, les produits laitiers, le sucre et le gras de nos menus, le corps prend et garde automatiquement son poids santé. Les corps nourris de produits toxiques sont gros. Les corps en santé ont un poids parfait. Donc, quand nous éliminons les pensées toxiques de notre esprit, notre corps répond en créant le bien-être et la beauté.

Mon esprit et mon corps sont en équilibre. J'atteins et je maintiens mon poids santé facilement et sans efforts.

81 JE SUIS EN SUPERFORME

Il y eut un temps où nous mangions tous des produits naturels et sains. Aujourd'hui, nous devons choisir entre les mauvais aliments industriels pour trouver une nourriture simple et saine. J'ai trouvé que plus je mange simplement, mieux je me porte. Donnez à votre corps les aliments qui poussent dans la nature et vous vous élèverez.

Je prends soin de mon corps. Je mange de bons aliments. Je bois de bonnes choses. Mon corps répond en étant en superforme tout le temps.

82 *MES ANIMAUX SONT EN BONNE SANTÉ ET HEUREUX*

Je refuse de donner à mes six merveilleux animaux de la nourriture industrielle. Leur corps est aussi important que le mien. Nous prenons tous soin de nous.

Je communique affectueusement avec mes animaux et ils me laissent savoir comment je peux les rendre heureux, à la fois mentalement et physiquement. Nous vivons dans la joie ensemble. Je suis en harmonie avec tout ce qui constitue la Vie.

83 *J'AI LE POUCE VERT*

J'aime la terre et la terre m'aime. Je fais tout ce que je peux pour la rendre riche et productive.

Chaque plante que je touche affectueusement répond en poussant dans toute sa splendeur. Les plantes d'intérieur sont heureuses. Les fleurs sont magnifiques. Les fruits et les légumes sont abondants et délicieux. Je suis en harmonie avec la nature.

84 *C'EST UN JOUR DE GRANDE GUÉRISON*

L'esprit qui contribue à créer le mal-être est le même esprit qui peut créer le bien-être. Les cellules de notre corps répondent constamment à l'atmosphère mentale en nous. Comme les gens, elles font de leur mieux quand elles sont dans un environnement de joie et d'amour. Donc, remplissez votre Vie de joie et vous serez heureux et en bonne santé.

Je me connecte avec les énergies positives de l'Univers pour me guérir, ainsi que tout ce qui m'entoure et qui est prêt à être guéri. Je sais que mon esprit est un instrument puissant.

85 J'AIME ET JE RESPECTE LES AÎNÉS DANS MA VIE

La manière dont nous traitons les aînés maintenant est la manière dont nous serons traités quand nous vieillirons. Je crois que nos dernières années peuvent devenir nos précieuses années et que nous pouvons tous devenir des AÎNÉS D'EXCELLENCE, vivant pleinement et contribuant au bien-être de notre société.

Je traite les aînés de ma Vie avec le plus d'amour et de respect possible, car je sais qu'ils sont une source de connaissances, d'expérience et de vérité sage et merveilleuse.

86 MON VÉHICULE EST SÉCURITAIRE POUR MOI

J'ai toujours envoyé de l'amour aux conducteurs énervés sur la route. Je suis consciente qu'ils ne savent pas ce qu'ils se font à eux-mêmes. La colère crée des situations de colère. Il y a longtemps, j'ai cessé de m'énerver après les autres conducteurs. Je ne vais pas gâcher ma vie parce que vous ne savez pas conduire. Je bénis ma voiture avec amour et j'envoie de l'amour devant moi, sur la route. Parce que je fais ça, je fais rarement face à des conducteurs en colère. Ils sont la cause d'ennuis d'autres conducteurs fâchés. Je partage affectueusement la route et j'arrive presque toujours à temps, peu importe le trafic. Nous avons une conscience partout ; là où vous allez, votre esprit va. Et il attire des expériences.

Quand je conduis mon véhicule, je suis complètement en sécurité, détendu et à l'aise. Je bénis les autres conducteurs sur la route avec amour.

87 LA MUSIQUE ENRICHIT MA VIE

Nous dansons tous avec un rythme différent et nous aimons différentes sortes de musique. Ce qui est inspirant pour une personne peut être un bruit épouvantable pour une autre. J'ai une amie qui joue de la musique de méditation pour ses arbres et ça rend ses voisins sceptiques.

Je remplis ma vie de musique harmonieuse et inspirante, qui enrichit mon corps et mon âme. Les influences créatives m'entourent et m'inspirent.

88 JE SAIS COMMENT CALMER MES PENSÉES

Le temps passé seul et le temps intérieur nous donnent la chance de renouveler notre esprit. Et le temps intérieur nous donne les conseils dont nous avons besoin.

Je mérite le repos et la quiétude quand j'en ai besoin, et je crée un espace dans ma vie où je peux aller pour prendre ce dont j'ai besoin. Je suis en paix avec ma solitude.

89 MON APPARENCE REFLÈTE L'AMOUR QUE J'ÉPROUVE POUR MOI

Nos vêtements, nos voitures et nos maisons reflètent ce que nous ressentons à propos de nous. Un esprit embrouillé se reflètera dans des objets éparpillés partout. En amenant la paix et l'harmonie dans nos pensées, notre apparence et toutes nos possessions deviennent automatiquement harmonieuses et agréables.

Je m'occupe de moi chaque matin et je revêts des vêtements qui reflètent mon appréciation et mon amour de la Vie. Je suis beau à l'extérieur et à l'intérieur.

90 J'AI TOUT MON TEMPS DANS CE MONDE

Le temps s'étire quand j'ai besoin de plus et rétrécit quand j'ai besoin de moins. Le temps est mon serviteur et je l'utilise prudemment. Ici et maintenant, dans le moment présent, tout va bien.

J'ai beaucoup de temps pour chaque tâche que je dois accomplir aujourd'hui. Je suis une personne puissante, parce que je choisis de vivre dans le Moment Présent.

91 JE M'OFFRE DES VACANCES

Nous sommes plus performants au travail quand nous nous donnons de courtes périodes de repos. Une pause de cinq minutes toutes les deux heures aiguise notre esprit. De plus, des vacances sont bénéfiques à l'esprit et au corps. Les « accros du travail » ne se reposent ni ne jouent jamais. Ils ont rarement du plaisir en dehors du travail. L'enfant en nous a besoin de jouer. Si notre enfant intérieur n'est pas heureux, alors nous ne le serons jamais.

Je prends des vacances pour moi afin de reposer mon esprit et mon corps. Je respecte mon budget et je prends toujours du bon temps. Je retourne travailler détendu et revigoré.

92 LES ENFANTS M'AIMENT

Nous avons besoin d'être en contact avec toutes les générations. Les résidences pour personnes âgées manquent de rires d'enfants. Être en lien avec des enfants nous garde jeunes de cœur. Le jeune enfant en nous aime jouer avec les enfants.

Les enfants m'aiment et ils se sentent en sécurité près de moi. Je les laisse aller et venir librement. Mon moi adulte se sent apprécié et inspiré par les enfants.

93 *MES RÊVES SONT UNE SOURCE DE SAGESSE*

Je vais toujours dormir avec des pensées d'amour pour préparer le terrain pour mes rêves. Les pensées d'amour apportent des réponses d'amour.

Je sais que beaucoup de questions que je me pose à propos de la Vie peuvent trouver leurs réponses quand je dors. Je me rappelle très bien mes rêves quand je me réveille chaque matin.

94 *JE M'ENTOURE DE GENS POSITIFS*

Quand nous nous entourons de gens négatifs, il devient très difficile de rester positif. Donc, ne vous laissez pas entraîner par les pensées négatives des gens. Choisissez vos amis avec soin.

Mes amis et mes parents respirent l'amour et l'énergie positive et je leur renvoie ces sentiments. Je sais que je dois écarter de ma Vie ceux qui ne me soutiennent pas.

95 *JE M'OCCUPE DE MES FINANCES AVEC AMOUR*

Chaque facture à payer révèle que quelqu'un a confiance en votre capacité à gagner de l'argent. Alors, répandez l'amour dans toutes vos transactions financières, y compris les impôts. Pensez aux impôts comme à des rentes que vous versez à votre pays.

Je fais mes chèques et je paie mes comptes avec gratitude et amour. J'ai toujours assez d'argent en banque pour le nécessaire et un peu de luxe dans ma Vie.

96 *J'AIME MON ENFANT INTÉRIEUR*

Un lien quotidien avec notre enfant intérieur, celui que nous avons déjà été, contribue à notre bien-être. Au moins une fois pas semaine, prenez votre enfant intérieur par la main et passez du temps avec lui. Faites des choses spéciales ensemble – des choses que vous aimiez faire quand vous étiez petit.

L'enfant en moi sait comment jouer, aimer et s'émerveiller. Il ouvre la porte de mon cœur et enrichit ma Vie.

97 *JE DEMANDE DE L'AIDE QUAND C'EST NÉCESSAIRE*

Demandez et vous recevrez. L'Univers repose en paix, attendant que je lui demande quelque chose.

Il est facile pour moi de demander de l'aide quand j'en ai besoin. Je me sens en sécurité au milieu des changements, sachant que le changement est une loi naturelle de la Vie. Il faut être ouvert à l'amour et aider les autres.

98 *LES VACANCES SONT UN TEMPS D'AMOUR ET DE JOIE*

Les cadeaux sont merveilleux à échanger, mais l'amour que vous partagez avec quelqu'un que vous rencontrez est encore plus grand.

Passer des vacances en famille et avec des amis est toujours un événement heureux. Nous passons toujours notre temps à rire et à exprimer notre gratitude pour les nombreuses bénédictions de la Vie.

99 *JE SUIS PATIENT ET GENTIL AVEC TOUS CEUX QUE JE RENCONTRE CHAQUE JOUR*

Essayez aujourd'hui de remercier tous ceux que vous rencontrez. Vous serez ravi du bien que ça leur apportera. Vous recevrez plus que vous donnerez.

Je diffuse des pensées gentilles et affectueuses aux employés des magasins, aux travailleurs dans les restaurants, au personnel qui fait respecter la loi et à tous les autres que je rencontre pendant la journée. Tout va bien dans mon monde.

100 JE SUIS UN AMI EMPATHIQUE

Quand un ami vient vers vous avec un problème, ça ne veut pas forcément dire qu'il veut que vous le régliez. Il veut probablement seulement une oreille amicale. Quelqu'un qui sait écouter est un ami précieux.

Je suis en accord avec les pensées et les émotions des autres. Je conseille et aide mes amis quand ils me le demandent et je les écoute avec amour quand c'est approprié.

101 MA PLANÈTE EST IMPORTANTE POUR MOI

Aimer la Terre est quelque chose que nous pouvons tous faire. Notre merveilleuse planète nous fournit tout ce dont nous avons besoin et nous devons l'honorer tout le temps. Dire une petite prière pour la Terre chaque jour est un acte d'amour à faire. La santé de cette planète est très importante. Si nous ne prenons pas soin d'elle, où vivrons-nous ?

Je bénis cette planète avec amour. Je nourris la végétation. Je suis gentil avec toutes les créatures. Je garde l'air pur. Je mange des aliments naturels et j'utilise des produits naturels. Je suis profondément reconnaissant d'être en vie et je l'apprécie. Je contribue à l'harmonie, à l'intégrité et à la guérison. Je sais que la paix commence par moi. J'aime ma Vie. J'aime mon monde.

Merci de m'avoir permis de partager mes idées avec vous !

Et qu'il en soit ainsi !

SUGGESTIONS DE LECTURE

En français :

Aimer, c'est se libérer de la peur — Dr Gerald Jampolsky
Autobiographie d'un yogi — Paramahansa Yogananda
Ces femmes qui aiment trop — Robin Norwood
L'amour, la médecine et les miracles — Dr Bernie Siegel
La prophétie des Andes — James Redfield
La vie après la vie — Dr Raymond Moody
Le chemin le moins fréquenté — Dr Scott Peck
Le livre tibétain de la vie et de la mort — Sogyal Rinpoche
Les 10 secrets du succès et de la paix intérieure — Dr Wayne W. Dyer
Manuel pour une conscience supérieure — Ken Keyes
Messages des hommes vrais au monde mutant — Marlo Morgan
Passages de vie — Gail Sheehy
Retrouver l'enfant en soi — John Bradshaw
Sagesse au quotidien — Dr Wayne W. Dyer
Techniques de visualisation créatrice — Shakti Gawain
Tremblez mais osez ! — Dr Susan Jeffers
Un corps sans âge, un esprit immortel — Deepak Chopra
Un retour à l'amour — Marianne Williamson

En anglais :

Aging Parents & You — Eugenia Anderson-Ellis
Alternative Medicine, the Definitive Guide — The Burton Goldberg Group
As Someone Dies — Elisabeth A. Jonhson
Between Parent and Child — Hiam Ginott
The Body Knows — Caroline Sutherland, Medical Intuitive
The Canary and Chronic Fatigue — Majid Ali, M.D.
The Complete Book of Essential Oils & Aromatherapy — Valerie Ann Worwood
Diet for a New America — John Robins
Cooking for Healthy Healing — Linda G. Rector-Page, N.D., Ph.D.
The Course in Miracles — Foundation for Inner Peace
Diet for a New America — John Robbins

Fire in the Soul — Joan Borysenko, Ph.D.
Fit for Life — Harvey and Marilyn Diamond
The Fountain of Age — Betty Friedman
Great American Cookbook — Marilyn Diamond
Healthy Healing, An Alternative Healing Reference — Linda G. Rector-Page, N.D., Ph.D.
How to Medidate — Lawrence LeShan
Instead of Therapy : Help Yourself Change and Change the Help You're Getting — Tom Rusk, M.D.
Learning to Love Yourself — Sharon Wegsheider-Cruse
Life ! You Wanna Make Something of It ? — Tom Costa, M.D.
Losing Your Pounds of Pain : Breaking the Link Between Abuse, Stress, and Overeating — Doreen Virtue, Ph.D.
Man's Search for Meaning — Viktor Frankl
Meditation — Brian Weiss, M.D.
The Menopause Industry : How the Medical Establishment Exploits Women — Sandra Coney
Menopause Made Easy — Carolle Jean-Murat, M.D.
Minding the Body, Mending the Mind — Joan Borysenko, Ph.D.
My Mother Made Me Do It — Nan Kathryn Fuchs
The Nature of Personal Reality — Jane Roberts
Opening Our Hearts to Men — Susan Jeffers, Ph.D.
Parent's Nutrition Bible — Dr Earl Mindell, R. Ph., Ph.D.
Peace, Love, and Healing — Bernie Siegel, M.D.
The Power of Touch — Phyllis K. Davis
Prescription for Nutritional Healing — James F. Balch, M.D., et Phyllis A. Balch, C.N.C.
Real Magic — Dr Wayne W. Dyer
The Reconnection — Dr Eric Pearl
The Relaxation Response — Benson and Klipper
Revolution from Within — Gloria Steinem
Saved by the Light — Dannion Brinkley
The Science of Mind — Ernest Holmes
Self-Parenting — John Pollard III
Super Nutrition Gardening — D. William S. Peavy et Warren Peary
What Every Woman Needs to Know Before (and After) She Gets Involved with Men and Money — Judge Lois Forer

When 9 to 5 Isn't Enough — Marcia Perkins-Reed
Woman Heal Thyself : An Ancient Healing System for Contemporary Woman — Jeanne Elisabeth Blum
A Woman's Worth — Marianne Williamson
You Sacred Self — Dr Wayne W. Dyer

- Tous les livres de Emmet Fox ou du Docteur John MacDonald
- De même, le programme sur cassette *Making Relationships Work*, de Barbara De Angelis, Ph.D.

Autres livres de Louise L. Hay chez AdA

Pour obtenir une copie
de notre catalogue,
communiquez avec :
AdA
1385, boul. Lionel-Boulet
Varennes, Québec
J3X 1P7
Téléc : (450) 929-0220
info@ada-inc.com
www.ada-inc.com
Pour l'Europe, voici les coordonnées :
France : D.G. Diffusion Tél. : 05.61.00.09.99
Belgique : D.G. Diffusion Tél. : 05.61.00.09.99
Suisse : Transat Tél. : 23.42.77.40

www.ada-inc.com